U0958481

重庆文化研究 庚子夏

Chongqing Cultural Research | 蔡武题

《重庆文化研究》出版工作小组

主　任　　刘　旗
副主任　　朱　茂
主　编　　刘建国　谭光龙　王发荣　刘德奉
　　　　　谭小兵　刘春泉
执行主编　刘德奉
编辑部主任　黄剑武
编　委　　黄剑武　王美木　周津菁　魏　锦
　　　　　邹俊星

■ 重庆市文化和旅游研究院　编

西南师范大学出版社
国家一级出版社　全国百佳图书出版单位

重庆

图书在版编目(CIP)数据

重庆文化研究.庚子夏/重庆市文化和旅游研究院编.—重庆:西南师范大学出版社,2020.6
ISBN 978-7-5697-0311-5

Ⅰ.①重… Ⅱ.①重… Ⅲ.①地方文化-研究-重庆-2020 Ⅳ.①K297.19

中国版本图书馆CIP数据核字(2020)第107631号

重庆文化研究·庚子夏

CHONGQING WENHUA YANJIU GENG-ZI XIA

重庆市文化和旅游研究院 编

责任编辑:秦 俭
责任校对:杜珍辉
书籍设计:杨 涵
排　　版:王 兴
出版发行:西南师范大学出版社
　　地址:重庆市北碚区天生路2号
　　邮编:400715
　　市场营销部电话:023-68868624
经　　销:新华书店
印　　刷:重庆紫石东南印务有限公司
幅面尺寸:210 mm×285 mm
印　　张:7.75
插　　页:10
字　　数:180千字
版　　次:2020年6月 第1版
印　　次:2020年6月 第1次印刷
书　　号:ISBN 978-7-5697-0311-5
定　　价:35.00元

分享思考

我认为，推动人类社会发展的动力有两种：一种是社会实践，它生产了丰富的物质财富和精神财富；另一种是人对社会的思考，它将物质财富和精神财富的生产过程进行总结归纳，上升为理论形态，从而更好地指导社会实践。

是的，人类有着生存的本能，这种生存的本能促使人们去寻觅和改善生存空间。从钻木取火、群猎食物、岩洞栖居，到生产劳动工具，种植农作物，圈养牲畜，开始从事商业活动，用音乐、舞蹈、美术、诗歌表达情感，再到当今科技高度发展的现代社会，人类的实践活动不断推动着社会向前发展。

人是高级动物，不仅具有社会实践能力，更具有理性的思考能力。人类不断总结实践经验，寻找生产生活中的各种规律，使之成为指导生产生活的方法。人类从生产生活实践，上升到对生产生活本质的探索、对自身本性的探索、对人类社会发展规律的探索，并由此形成相关理论，而这些理论又成为维系社会良好秩序以及推动社会不断向更高级阶段发展的重要动力。

毛泽东在《实践论》中强调："理论的基础是实践，又转过来为实践服务。"是的，理论离不开实践，又推动着实践向前发展。它们是推动人类社会发展的两轮动力，相互作用，相互促进。而我们工作的出发点，就是想借本书为大家提供一个传播社会主义理论与思想的平台，让读者能够分享思考者的思想成果。

新时代中国的文化和旅游发展取得了丰硕的实践成果，在此基础上，国家又大力推动文化和旅游融合发展，这使文化和旅游的发展进入一个新的实践过程。文化和旅游的融合是一个新课题，需要新的思考。在尊重文化和旅游各自发展规律的同时，如何把这两者真融合、深融合，以产生更好的效果，是一个值得深入研究的新课题。本书就文化旅游融合状态下如何提高资金使用效率，亦即文化和旅游资金如何打捆使用做了一些探讨。文化和旅游资金的使用，不仅仅是一个业务问题，还涉及高层统筹、政策导向等诸多方面，对其进行探讨，具有重要意义。本书还收录了几篇书评文章，其中两篇放入本书“政策研究”部分。虽然这两篇书评并未直接研究政策问题，但编者认为，它们与政策研究密切相关，其观点对重庆经济社会发展具有一定的参考作用。编者认为，文章不能拘泥于形式，而要看内容，所以我们把这两篇书评文章放到“政策研究”部分，请读者不要见怪，也请读者转变一下思维。我们看看古往今来的哲学大家、政治学大家、历史学大家、文学大家，能以他们的著作体裁限定他们的学术思想吗？如今，一些人习惯将文章区分为文学、学术、公文等体裁，而无视著作的内容，我们认为，这会让一些有价值的思想被文体湮没。当然，这只是编者的观点，说出来与大家交流，没有强迫大家接受的意思。

仅此数语，置于卷首，恭请批评。

编者

2020年7月5日

目　录

政策研究

学术争鸣

文化前沿

基础科研

巴渝文化

人物风采

文化记忆

艺文空间

关于提升文化旅游资金使用效益的几点思考

高扬[①]
(重庆市文化和旅游发展委员会)

2018年,党的十九届三中全会做出深化党和国家机构改革的决定。为增强和彰显文化自信,统筹文化和旅游共同发展,提高国家文化软实力和中华文化影响力,推动文化事业、文化产业和旅游业融合发展,全国县级以上文化部门与旅游部门进行职责整合,组建文化旅游部门。这是深学笃用习近平新时代中国特色社会主义思想,坚定不移贯彻落实中央重大决策部署,推动文化和旅游改革发展的迫切需要,是提升文化和旅游高质量发展的重要举措,是着眼满足人民日益增长的美好生活需要的重要实践,对全国文化旅游发展具有里程碑意义。重庆市也整合组建了市文化和旅游发展委员会以及各区县文化和旅游发展委员会。

文化和旅游部门的合并,给管理部门、行业发展提出了新要求。过去,文化工作是一回事,旅游发展又是一回事,各管各的,各做各的,需要的时候进行专门协调。而现在文化和旅游职能合并,行业融为一体了,同时又产生了新的文化、旅游、文旅融合发展形态,出现了一些新的行业,也带来了一些新的问题。其中在资金使用方面,如何将资金使用得更好,如何集中财力办大事,产生更好的效益,是需要研究和解决的问题。这就需要我们在实践中总结思考,在统筹中加强磨合,树立新的思维和理念,打破过去资金使用项目、使用对象、使用方法等的惯性,更加强调资金使用的综合性、统筹性、协调性,更加注重在发展中积极探索新的方式方法和新的管理制度。

一、强化新的资金使用理念

文化与旅游的融合,带来了新的文化旅游发展结构、发展特点、发展业态、发展理念,对于推动文化、旅游发展重要动力的资金供给与使用,也需要随之调整固有观念,树立新的思

①为了更好地让读者了解作者情况,本书中大部分文章的作者注有工作单位,但也有少数作者,由于其或为自由撰稿人,或是已经退休等,因此没有加注工作单位。

维，特别是要强化资金使用的统筹理念、资金融合理念、资金使用效益的最大化理念。

（一）强化资金统筹理念

文化和旅游机构的合并，意味着包括其业务在内的各个方面的合并，因此，要在强化工作统筹、思想统筹的基础上，着力于资金统筹。一是资金统筹是机构改革后的新职能、新业态的要求。改革后的文化旅游融合发展，具有更丰富的内涵、更广泛的内容、更深远的价值，甚至还产生出新的业态，融合不可分割。如果没有新的资金统筹思维，就难以适应文旅融合的新要求。二是必须强化统筹理念。各地文化旅游部门主要领导要有统筹发展、统筹工作的思维，要强调资金使用的统筹性。分管领导、各部门负责人，也要有资金使用统筹的思维，不搞本位主义。从主要领导、分管领导，到部门领导、工作人员，都必须树立统筹资金的观念。三是各级文化旅游部门必须共同树立统筹理念。首先，各省、自治区、直辖市，特别是重庆这样的直辖市，在发展上具有一定的探索性，更应该根据文化旅游发展需要，加大统筹力度，总结统筹经验，创新统筹机制，为推动文化旅游资金统筹使用提供新方法、新手段。区县文化旅游部门，资金使用量相对较少，专项性更强，更应当强调在新增资金量和现有资金存量中加强协调，统筹使用好各项资金。四是财政部门也要有统筹使用资金的理念。财政部门对于文化旅游资金总量、专项、政策最为了解，特别是对于哪些资金能够统筹，哪些资金不能够统筹，具有一定的发言权。所以，在服务文化旅游发展大局的过程中，科学、合理调度资金，财政部门具有重要作用。

（二）强化资金融合理念

文化和旅游有的工作具有一定的相似性，是相通的，从文旅融合发展的角度讲，我们坚持“宜融则融、能融尽融”的总体要求。文旅融合发展所需要的资金，也应坚持这一原则，集中财力办大事。一是从工作业态上看，需要融合。合并后的部门所开展的业务，有一些是相对独立的，但更多的是相互融合的。如群众性文艺演出服务，既是公共文化的内容，也可服务于旅游。如文物保护，有的文物本身就在景区，或者已经成为旅游项目。如对外文化、旅游宣传与交流，很难将文化与旅游截然分开。所以，在文化、旅游的资金使用上，应当具有更加灵活的调剂思维。二是从提高资金使用效益来看，需要融合。为了更加有效地支持工作、推动发展，应该根据现有资金存量、工作所需方向，主动调剂资金使用方向，应该从资金相对宽裕的项目中调剂部分资金，助力那些急需推动的项目，以更加充分地发挥资金的作用，更加有效地提升资金的使用效率。三是加强资金融合是一种科学态度。任何事物都是发展的，文化、旅游部门合并之后所产生的新业态、新情况、新问题，都需要相应的资金去支持和解决，而适应新形势、新要求，所产生的新的资金使用方式、方法、原则和思维，则体现了与时俱进、科学合理运用资金的态度。

(三)强化资金使用效益最大化理念

文化和旅游部门合并之后，资金总量更大，项目类别更多，资金使用性质也更加多元。既有专项资金，也有政策性资金；既有财政性资金，也有社会性、市场性资金。适应新的文化旅游融合发展要求，把各种资金使用好，使之发挥出最大的社会效益和经济效益，是我们必须强化的重要理念。具体讲，主要有三个方面。一是着眼于文化旅游发展性质，强化资金使用的独特性。资金是国家文化旅游战略得以实现的保障，强化资金使用的独特性，体现了资金使用的效益最大化原则。二是着眼于内容和方向的多元化，强化资金使用的科学性。文化旅游发展行业多、头绪复杂、覆盖面广，其资金使用方向也相对多元，科学调剂现有资金，支持新业务方向、重点项目，对于使用好资金具有重要意义。三是着眼于市场，强化资金使用的导向性。支持国家所需、人民所需、市场所需、地区所需、行业所需的文化旅游发展，是提升资金使用效益最大化的重要表现。

二、树立新的资金使用思维

文化旅游融合发展，产生了新规律、新特点、新方向，同时也出现了一系列新情况、新问题、新要求，因此，需要树立新的资金使用思维，探寻新的资金使用原则。

(一)确保文旅发展资金使用的社会效益

党的十九大报告指出："文化是一个国家、一个民族的灵魂。文化兴国运兴，文化强民族强。没有高度的文化自信，没有文化的繁荣兴盛，就没有中华民族伟大复兴。"可见文化发展的重要意义。繁荣社会主义文艺创作，培育德艺双馨的艺术家，保障公共文化服务，实施文化惠民工程，丰富群众文化生活，确保人民群众基本文化权益等，是财政性文化资金的重点使用方向。这些重点、这些方向不能动摇，不能偏移。如果动摇了、偏移了，就会影响国家、地区文化的发展，甚至危害国家安全，损失不可估量。旅游在对外交流、提升人民生活品质、滋养当代人民精神生活上发挥着重要作用，文化旅游资金必须重点保障、重点调控。如：一些旅游项目也涉及文化遗产、自然遗产、地域文化、民族民间文化、生态文化等，它们本身就是要保护的重点，需要财政性资金的重点保障。

(二)注重强化文化旅游发展的市场性

文化旅游具有公益性和市场性双重属性，除了要确保文化旅游发展的公益性外，还需要注重其市场性。文化旅游发展的市场性决定了有相当一部分文化旅游产品需要通过市场手段来运营，在文化产业、旅游产业的深度融合与发展上，要充分尊重文化旅游发展的市场规律。一方面，政策性资金应该多用于政策引导、方向引导、产业引导；另一方面，一些具有公益性质，又可供市场开发和运营的主题性文化旅游项目，在不改变其公益性质的前提下，也可允许市场资金进入，允许有一定的市场行为，开设一定的市场服务。

(三)着力寻求事业、产业发展的共生性

文化和旅游虽有各自的发展规律和特点，但并不是毫无关联的，相反，文化和旅游存在着密切的关系，具有共生性。文化可以为旅游服务，甚至成为旅游的灵魂，旅游也可以为文化服务，成为展现文化的重要载体，文化和旅游应相互交融，互相促进。比如文艺创作与演出、公共文化服务、文化惠民工程、文化遗产保护，在一定程度上起到服务旅游的作用；旅游搭载文艺作品、文化服务、遗产保护，可使自身的内容更为丰富，也可起到传播文化的作用。因此，充分考虑文化与旅游发展的共生性，才能使资金的规划与使用更科学，产生更好的效益。

三、加强新形势下资金使用的政策调整

新时代的文化和旅游有新的要求、新的发展，相应地，文化和旅游资金的规划与使用也需要进行政策调整、项目修订、管理完善，如此才能更有效地促进文化旅游高质量发展。

(一)坚持资金的公益性使用方向

公益性文化事业是保障人民文化权益的重要内容，公益性旅游事业是提升人民群众精神生活的重要内容。必须坚持资金对公益性文化旅游事业的保障，这点不能含糊，不能偏移，不能打折。

公益性文化事业主要涉及以下几个方面：一是传播与弘扬社会主义意识形态和核心价值观所需要的文化产品与服务，如纪念馆、爱国主义教育基地等提供的文化产品与服务；二是福利性文化事业，如公共图书馆、博物馆、文化馆、艺术馆、科技馆等提供的文化产品与服务；三是丰富广大人民群众业余生活所需要的各种基层文化、群众文化活动等；四是优秀文化传统及地方文化、民间艺术等。

公益性旅游景区，其投资主体为政府部门，有公共财政作为保障。公益性旅游景区又可以称为公共资源型旅游景区，是指那些依托自然景观、文物古迹、文教设施等社会公共资源，由政府部门或社会团体代表国家行使管理权的旅游景区。在我国的各类旅游景区中，除了主题公园、游乐园等类型外，绝大部分景区都属于公益性或半公益性旅游景区。

坚持资金的公益性使用方向，还应注意对革命老区、民族地区、边疆地区、贫困地区开展文化和旅游服务的重点扶助。

（二）注重资金使用的融合度支持

文化和旅游部门合并后，文化发展、旅游发展、文旅融合发展出现了新的发展态势，既相对独立，又相互交叉，还有一部分重叠。对此，资金使用必须着力解决新问题。文化旅游发展“宜融则融、能融尽融”，资金使用也要坚持“宜合则合，能合则合”的原则，使资金使用达到“1+1>2”的效果。

（三）适当增加资金使用的自由度

增加资金使用的自由度，其理由有三：一是文化旅游行业面广事多、项目复杂、交叉度大、发展变化快，难以准确确定资金使用具体项目；二是地区发展水平有差距，各地文化旅游项目资金使用情况存在差异；三是综合性项目、新增项目等，如果有资金支持，可以更好地得到实施。增加资金使用的自由度，可以在现有资金总量不变的情况下，拿出5%～10%来作为调剂专项。为了保证调剂专项资金的合理使用，要制定专门的制度，确定使用范围、标准、程序等，同时加大审计监督和绩效评价。

（四）努力增强对社会资金的吸纳力

文化与旅游部门合并后，一是要进一步制定好政策，以利于社会资金进入文化旅游行业，特别是进入公共文化旅游服务行业；允许其在丰富文化旅游内容、创新文化旅游服务的情况下有利润运行。文化旅游产业发展，也要在确保正确方向情况下，尽可能放开行业，降低准入门槛，壮大市场，尽可能用足用够社会资金。二是要设立好的项目。要根据行业发展变化、地区发展需要，及时推荐优良的文化旅游发展项目，引导社会资金流入。同时，还可设立项目引导资金，加快推进项目发展。三是要完善社会资金投入激励机制。对于社会资金参与的文化旅游项目，可通过以奖代补、贴息贷款、税费优惠、特事特办等措施对投资者予以支持。要根据不同行业、不同发展需求，及时进行政策调整。四是要加大跨行业资金融合。文化旅游发展涉及多个行业、多个部门，要有充分吸纳各方资金的意识。如对大数据发展、全媒体建设、农村文化旅游等，可以综合设计，打捆资金，共同推进。五是要做好服务工作。对进入文化旅游行业的社会资金，要做好服务协调，快捷办理审批。

（五）积极提高市场资金使用效益

提高市场资金使用效益，一是要构建多元投资主体，政府投入的项目，也可吸纳社会资金。比如，运用好文化和旅游部、财政部联合印发的《关于在旅游领域推广政府和社会资本合作模式的指导意见》，鼓励运用政府和社会资本合作(PPP)模式改善旅游公共服务供给，优化资金投入方式，拓宽金融支持渠道。二是切实构建好文化旅游产业发展融资平台，通过完善财税政策，解决好产业融资难的问题。三是加大设立文化旅游产业基金力度，增加现有资金总量，改革申报评审方式，适时调整资助方向，最大限度地用好用活专项资金。

（六）探索建立新的资金使用效益评价体系

建立新的资金使用效益评价体系，是适应资金使用变化的重要措施。既要对资金使用进行总体评价，也要进行专项评价。既要评价财政性资金，又要评价社会性资金。要对资金使用进行科学评价，如对重大文化旅游项目、重点文化旅游项目运用成本效益分析法进行评价，对文化旅游共生性项目运用公众评判法进行评价等。加强资金使用监管，要完善管理制度，加强过程监管，严格使用规范，适时进行审计，加强责任追究。确保资金使用方向不变，使用安全得到保障，使用效益得到提高。

走向全球的重庆
——评《重庆2035：迈向全球城市》

杜珍辉
（西南师范大学出版社）

2019年4月17日，中共中央总书记、国家主席习近平在考察了重庆后，提出：希望重庆全面落实党中央决策部署，牢牢把握稳中求进工作总基调，坚持新发展理念，统筹做好稳增长、促改革、调结构、惠民生、防风险、保稳定工作，持续营造风清气正的政治生态，更加注重从全局谋划一域、以一域服务全局，努力在推进新时代西部大开发中发挥支撑作用、在推进共建“一带一路”中发挥带动作用、在推进长江经济带绿色发展中发挥示范作用。

从习总书记的指示，我们可以看出中央对地方政府“从全局谋划一域、以一域服务全局”的强烈要求。通过《重庆2035：迈向全球城市》这本书，我们可以看到，重庆市生产力发展中心等智库机构已经在利用世界银行集团等国际机构从全局科学规划重庆未来发展蓝图。重庆市生产力发展中心、世界银行集团、法国城市形态和综合系统研究院、美国卡尔索普事务所等研究团队的强强联合组成的科研舰队分量十足！而重庆广泛利用国内外著名科研团体研讨本地区发展愿景，也从侧面反映了其对重庆经济发展模式的高度重视。

从全局来说，重庆区位优势明显，战略地位重要，其位于中国内陆西南部和长江上游地区，是中国西部对外开放的重要门户，是中国西部大开发的重要战略支点，处在“一带一路”和长江经济带的联结点上。因此如果重庆能在西部地区“中心开花”，其辐射力和影响力可想而知。实际上通过长期的发展，特别是1997年成为直辖市以来的建设，重庆已经取得了令人瞩目的辉煌成果，比如：如今重庆是中国最大的汽摩制造基地，笔记本电脑产量占全球1/3，IT网络终端产品产量占全球的90%。当然重庆的高速发展也不可避免地带来了一系列问题，比如：重庆发展所需的最重要资产——土地储备逐步减少和过度消耗，尽管有着8.24万平方公里的辽阔面积，但纳入开发规划且可供开发的面积仅为2300平方公里，几乎陷入未来发展无地可用的局面。

因此，在未来的发展道路上走什么样的路，采用什么样的发展模式，决定了重庆经济发展是否能站在全局的高度，是否具有可持续性。如果不看分析，要决定常规趋势情景好，还是紧凑开发情景好，似乎十分简单，人们多偏向"紧凑"这样的字眼，但是这样的感觉是模糊的，甚至是错误的。实际上常规趋势情景与紧凑开发情景可能存在某种程度的交叉，其区别可能仅仅是程度上的界限。如果没有数据和资料的支撑，没有参照物（即本书对标的一些全球城市），这样印象流的说服力是十分苍白的，也不具备资政参考功能。从政府经济规划的角度考虑，经济规划师更希望知道重庆与全球城市到底有哪些核心差距，不同情景开发模式下投入产出比有多大，数据是否可控、可信。从《重庆2035：迈向全球城市》一书中，我们可以得到我们想要的答案。

此书提供的数据有多精确和分析有多全面可以从以下几个例子得到反映。1.书中共分析了八大情景特征，包括区域人口增长与分布、区域就业增长与分布等，从其细分程度，我们可以发现这些情景特征基本涵盖了经济领域的核心指标，也是经济规划师们最想了解的方面。2.全书数据比对国家统计中心的数据，统一了数据来源和口径，不以个别片面数据作为指引。小到公路长度，均反复同重庆市统计局、重庆市交通委员会等单位商定。3.采用了最科学可靠的"快火"模型。"快火"模型最早由美国卡尔索普事务所开发，用于对整个加州地区的交通运输和土地利用计划进行即时性分析。作为一种程序化和基于表格形式的模型，"快火"模型对数据的需求相对较少，比要求基本地理数据的地理空间模型更加灵活。4.以全球城市和地区为标杆，分析采用的关键指标包括30个指标，归入4个维度和15个小项。比如每新增一名城市居民的新增用地面积、距公交站点步行距离以内（全球城市步行距离不到1公里）的居民占比。从指标的细化程度我们可以看到分析的精细程度。这样的分析可以让我们全面审视重庆与全球城市的差距。

从此书提供的分析结果我们可以看到不同土地利用模式之间的内在关系，包括环境可持续性、经济效益、城市宜居性方面的结果性数据。情景研究聚焦紧凑步行友好街区与超大街区两种开发模式之间的已知的和可量化的影响差异，凸显了重庆在城市发展过程中可预期的效益和后果。这些对土地消耗、交通出行方式选择、资源效率、家庭支出和承载居民生活的社区所产生的影响，直接关系到重庆保持经济增长和改善百姓生活水平的能力。因此，精心空间布局下的紧凑开发不仅对实现"底线"指标（如碳减排）至关重要，而且也将强化重庆迈向全球城市的能力。

西部大开发是中华人民共和国中央政府的一项政策，目的是“把东部沿海地区的剩余经济发展能力，用以提高西部地区的经济和社会发展水平、巩固国防”。从更深层次的发展来说，西部大开发更要求重庆这样的城市能站出来，而不是“等靠要”，从全局谋划一域、以一域服务全局的角度，利用其自身的重要战略地位和发展能量，在西部打开一片天空，积极辐射更广的区域，带动更多的人口和地区走向康庄大道。从《重庆 2035：迈向全球城市》带给我们的精彩分析，我们可以相信，这样的重庆正在向我们走来！

把握时代契机 坚持对外开放 助力重庆发展

——《"一带一路"和长江经济带建设中的重庆思考》的启示

王传佳
（西南师范大学出版社）

重庆多山，城市建筑多依山势而建；重庆多水，长江、嘉陵江穿城而过，交汇于朝天门。重庆山多，水多，因而桥也多。飞架于两江之上的跨江大桥、蜿蜒于山间沟壑的立交桥、穿插于城市之中的高架桥，凸显了重庆这座山水之城的错落意趣。2018年，抖音火了，它不仅成为网友个人的社交平台，也成为城市形象塑造、城市文化输出的平台。2018年9月，抖音、头条指数与清华大学国家形象传播研究中心城市品牌研究室联合发布《短视频与城市形象研究白皮书》。根据白皮书，在城市形象短视频播放总量上，重庆跃居榜首，成为名副其实的"抖音之城"。许多外地游客慕名而来。穿楼而过的李子坝轻轨、酷似宫崎骏电影场景的洪崖洞、跨江而过的长江索道等"网红景点"成为游客必到的"打卡"地。重庆也因此被网友喻为"3D魔幻城市"。在网络上，重庆似乎是"一夜爆红"，其实，重庆的"爆红"是建立在重庆近几十年的发展变化之上的。

我是一个土生土长的重庆人，也是重庆发展变化的亲历者。作为一名普通老百姓，自己对重庆发展变化的体会，直接来自与自己息息相关的日常生活。而通过《"一带一路"和长江经济带建设中的重庆思考》，自己也对重庆的经济发展有了更为深刻的认识：地处内陆地区的重庆发展起步晚，先天条件并不优越，重庆持续快速发展，得益于其深刻领会国家发展总体要求和大势，立足自身实际、找准自身定位，把握时代机遇、坚持对外开放，顺应发展大势、科学谋划布局。

立足自身实际，找准自身定位

重庆位于中国西部腹地、长江上游地区，是西部地区唯一的直辖市，亦是中国最年轻的直辖市。不同于北京、上海、天津等直辖市或东部发达地区的核心城市，重庆具有大城市、大农村、大山区、大库区特点，起步时期的经济基础和先天的发展条件并不优越。随着中国经济进入新常态以及对外开放格局发生新变化，国家相继提出“一带一路”倡议和长江经济带建设国家战略。从地缘上看，重庆位于“一带一路”和长江经济带“Y”字形大通道的联结点。2016年初，习近平总书记视察重庆，对重庆明确地提出“两点”定位。“两点”即西部大开发的重要战略支点以及“一带一路”和长江经济带的联结点。习近平总书记肯定了重庆在国家区域协调发展和对外开放格局中的独特作用，将重庆市的地缘优势上升为战略定位，对重庆提出了新要求，赋予了新使命。重庆既迎来了新的机遇，亦面临新的挑战。

重庆要谋求发展，必须立足自身的实际情况，明确自身发展的优势与劣势，深入分析新时期经济发展的规律和特点，找准自身定位，把握机遇，迎接挑战。《“一带一路”和长江经济带建设中的重庆思考》一书从多个方面对重庆的现实基础进行了剖析。首先，在长江经济带建设中，重庆是长江经济带的重要交通枢纽和生态屏障。《长江经济带发展规划纲要》确立了重庆作为长江上游核心城市的地位，在长江经济带“一轴、两翼、三极、多点”的发展格局中具有辐射周边省会城市的突出作用。当前，重庆市的高速路网四通八达，航空枢纽建设基本完成，依托黄金水道的长江上游航运中心和长江上游综合交通枢纽有序开展建设，长江上游生态屏障和生态文明城市建设成效显著。其次，在融入“一带一路”建设方面，重庆在全国率先开通了中欧班列，构建了重庆—东盟国际物流大通道，开辟了陆海新通道，从多个方向打开了国际贸易大通道，从交通相对不利的内陆城市变为地缘经济意义上的“内地边城”，成功实现了经济地理空间上的革命性变化。再次，重庆依托自贸区、口岸、保税港区、综合保税区等对外开放平台，逐步构建起全方位的对外开放新优势。总体而言，重庆已经具备了成为全球城市的基础和潜力。重庆跻身于全国国家级中心城市之列，有国际媒体将其喻为“美国的芝加哥”，这是国际社会对其发展成果的肯定。

把握时代机遇，坚持对外开放

十八大以来，习近平总书记提出的“一带一路”倡议以及长江经济带发展战略，构建了我国对外开放新格局，促进了区域协调发展。尤其是实施“一带一路”倡议，不仅为世界经济增长开辟了新空间，为国际贸易和投资搭建了新平台，也为中国西部地区和重庆开放开发提供了重大的战略机遇。重庆牢牢地抓住“一带一路”建设和长江经济带发展的时代契机，充分发挥重庆作为“一带一路”和长江经济带联结点的地域优势，提升利用国际国内资源的效率，构建起与国际接轨的内陆开放型经济新体制，建设内陆开放新高地；切实按照国家区域发展和对外开放总体格局的战略安排，提升“软”“硬”基础设施互联互通水平，着力增强高端要素集聚、科技创新、转型升级和综合服务功能。未来，重庆将建设成我国西部地区立体交通和通信枢纽，建设成沿海与内陆、东部与西部产业转移，国内统一大市场与全球大市场深度融合，汇集全球商流、物流、资金流、信息流与人流的平台和载体，并成为国内开放促发展，创新驱动引领，产业集聚发展和城乡统筹协调，具备核心竞争力的“一带一路”和长江经济带建设的重要支撑，进而全面提升国际影响力和开放兼容力，成为引领未来内陆开放型经济体制的新典范。①

顺应发展大势，科学谋篇布局

不同的时代，有不同的发展任务。区域经济的发展应融入国家总体发展战略之中，顺应时代发展大势，立足自身实际，科学谋篇布局。新时期的重庆，应深度融入“一带一路”和长江经济带建设，着眼于“两点”战略定位，“两地”“两高”战略目标，与长江经济带建设等全国区域协调发展总体战略布局、“一带一路”倡议等国家对外开放重大布局联动发展，积极探索开放发展新模式、新路径和新机制，提升重庆整体竞争力和核心竞争力，最终实现区域发展和国家发展的共赢。

《“一带一路”和长江经济带建设中的重庆思考》一书是重庆市生产力发展中心围绕重庆融入“一带一路”和长江经济带建设这一主题所做的积极探索。其立足重庆近年各领域取得的成绩，总结分析重庆在“一带一路”国家倡议及长江经济带战略中发挥的作用，进一步对未来重庆在国家倡议及重大战略中的地位和作用进行再定位、再设计，从全局谋划一域、以一域服务全局，高端设计，整体推进，针对当前和未来一个时期重庆需要破解的难题，提出了重庆在国家倡议及重大战略中应完成的十大重点任务以及应采取的八大重要举措。其中，十大重点任务分别是将中欧班列（重庆）建成中国—中亚—欧洲国际铁路主通道，开辟重庆通往东南亚的陆海交通大通道，把“4小时航空经济圈”打造成“空中丝绸之路”样板工程，将重庆打造成通信信息国际口岸和国际信息港，畅通长江上游黄金水道、突破航运“中梗阻”，加快推进渝昆、渝西、渝湘高铁及沿江货运大通道建设，加速推进重庆自贸区建设，高标准实施好中新（重庆）战略性互联互通示范项目，发挥好口岸在重庆内陆开放高地建设中的关键作用，全面加快重庆现代产业体系建设；八个重大举措分别是将重庆纳入孟中印缅和中国—中南半岛经济走廊规划，把中新（重庆）互联互通项目作为“一带一路”软联通能力建设试验区，在重庆建设面向若干“一带一路”国家或城市的定向自贸区，推动国家批准重庆保税区增设

① 童小平，等.“一带一路”和长江经济带建设中的重庆思考[M].重庆：西南师范大学出版社，2018：35.

和扩容，推进在重庆试点实施指定进境口岸制度，开展三峡第二通道项目可行性论证和国家评估，研究启动重庆提水工程及川渝调水工程，研究设立重庆国际产能合作引导基金。

结语

《“一带一路”和长江经济带建设中的重庆思考》一书对重庆如何准确地把握习近平总书记关于重庆发展的战略定位，积极迎接挑战，把握历史契机，在新的时代格局中发挥独特而又重要的作用进行了积极思考，反映了重庆在把握历史机遇、全面融入国家发展战略格局中的积极探索，是重庆市在经济社会发展领域所凝结的“重庆智慧”，成为助力重庆未来发展、推动重庆真正成为“山清水秀，美丽之地”的理论奠基。其为读者打开了一扇了解重庆发展的窗口。而今，重庆正以锐意创新、敢为人先的勇气，构建更高水平的对外开放平台，积极作为，为全面融入“一带一路”和长江经济带建设，进一步推动经济高质量发展，在区域经济发展和对外开放新格局中展现新作为、实现新突破。

艺术家谈中国现实主义创作

编者按:

现实主义创作在中国已经走过了近一个世纪,从抗战时期战火中的自觉选择,到新中国成立后公派人员留苏留俄学习,发展至今,经历了一个曲折漫长的发展过程。在这个过程中,中国美术的发展始终没有脱离现实主义创作。以下邀请了三位学者(他们有的曾留俄学习现实主义创作,有的毕业于历史画创作工作室),对中国现实主义创作发表不同的认识和看法,希望对广大艺术家的创作有所帮助。

浅论现实主义油画创作的当下性意义

王剑锋(上海师范大学美术学院副教授、硕士生导师、留俄博士)

现实主义作为文学的一个专门术语,最早出现于18世纪德国剧作家席勒的理论著作中。绘画范畴的现实主义,则是经历了诸多的风格演变之后才逐渐显现的一种表达方式,通常意指用写实手法对自然或现实生活的准确描绘和体现,主张摒弃对绘画对象的理想化表达而力求真实地描绘对象,因此很容易使人们简单地将其与写实主义直接画上等号。然而,从发展的角度去观察当下的现实主义绘画,其或许更应该指的是直面生活并真实描绘现实形象,及根据自身所处的现实环境(包括历史、政治、自然等方面的内容)进行的具有现实呈现和启示意义的艺术创作,它可以是一种创作方式或理念,同时也可被认定为艺术创作的一种风格。

在当下诸多的艺术流派当中,现实主义最早处于核心位置,但目前已经逐渐被挤向了边缘。随着艺术风格的多样化发展,其在艺术圈中受到冷遇已是不争的事实。有人不禁要对此提出疑问:现实主义创作真的已经不具有当下性意义了吗?答案当然是否定的!

讨论任何事物必然要在某个语境或范畴中进行，否则就会失去意义。在此论及的现实主义的当下性意义，更多的是指现实主义油画在中国范畴内的表现和意义。现实主义的创作形式至今仍然是中国绘画创作形式中最为普遍和最有表现力的形式之一。现实主义的艺术表达形式更是在不同的时期及不同领域担当了重要的角色，无论是对国家建设的推动还是对艺术发展的促进都有过积极的作用。

首先，细数现实主义的创作成果我们可以看到，观众所熟知的油画，如罗中立的《父亲》、何多苓的《春风已经苏醒》等，都属于现实主义范畴的作品，这些艺术史上的辉煌成就，无疑是现实主义创作的意义最好的证明。其次，虽然当下中国美术院校的教学体系和教学方式呈现出了百花齐放之态，但从本质上言，中国的高校美术教育体系仍然未脱离以列宾美术学院为代表的苏联现实主义教学体系的基础，无论是系别的设立还是授课内容的基础及范式均是如此。这个事实本身恰好说明了现实主义是符合当下中国油画发展的客观规律的。

“85 新潮”巨大的冲击力量的确打破了早年中国油画创作的桎梏，但同时它也让很多热衷于“求新”的艺术工作者武断地否定了“现实主义”这种艺术创作形式在现实环境中的“现实”意义，甚至形成了“否定即合理”“否定即当代”“否定即高级”的观点，继而追根溯源痛斥以苏联美术教育体系为代表的现实主义创作与教育方式荼毒了中国油画的发展，却浑然不知自身的眼光已然转换成了另外一个角度的狭隘与偏见。

过多的批判声音单纯地从所谓艺术本质的范围去界定某一种艺术表达方式的合理性和重要性，却忽略了任何一种艺术形式都必须在现实的社会环境中才能更好地生存与发展的基本道理，这个观点或许不具有太多哲学上的意义，但它却极其现实。

其实任何艺术表达方式的存在都有其自身的合理性，当然不同的艺术表达形式一定会有适合或不适合表达的内容与对象。

观现实，自新型冠状病毒肆虐以来，在抗“疫”的过程中出现了诸多可歌可泣的人与事，展现出了中华民族的美与善。大家更是从一张张照片和一幅幅绘画作品的细节呈现中感受到了团结的重要性与力量，而这些照片和绘画作品正是采用了现实主义创作的方式。艺术表达的形式本就应该是多样化的，不应该依据其表现手法或是风格流派来衡量一件艺术作品的价值高低，就如同全山石先生所言，中国油画发展的核心不在于题材风格，而在于绘画的质量。因此现实主义油画创作无论是否处于中国油画发展历史的高位，都有其存在的理由和表达的自由，不能完全让道于所谓更新的形式。

无论何种艺术表达形式，勇于突破创作框架都是异常可贵的，也是一个艺术家自身发展的方向与所应追求的目标，但好的艺术创作不应只局限于“求新”一说，更无须陷于“创新”之道。因为科技的关键才是“创新”，而判断作品艺术价值高低的依据，个人诚以为应该是画面背后所追求的精神力量与共鸣。都说艺术源于生活而高于生活，现实主义的绘画创作方式正是这一理念的最佳执行者，它呈现着你我的所见、所感、所思。

未见则无感，无感则无思，无思则无鸣。世界这么大，让现实主义与所有的“自我”主义共存又何妨？

现实主义美术创作的现状与发展

——谈传承路上的留苏留俄学派

李英武（重庆师范大学美术学院教授、硕士研究生导师，欧美同学会留俄美术院校校友会副秘书长）

20世纪中国美术的发展，离不开中外艺术和文化交流带来的启发和养分。在这条波澜壮阔的西学之路上，留苏留俄是非常浓墨重彩的一笔，为中国美术尤其是现实主义美术创作的发展带来了深远的影响。半个世纪以来，一代又一代的留苏留俄美术家辛勤学习，将现实主义艺术的深厚传统和力量注入中国美术的血脉之中，并以中国文化的厚重底蕴，对油画这种外来的艺术语言进行改造和转化，取得了丰硕的成果。

20世纪50年代，新中国第一代留苏美术家受祖国之托远赴苏联知名美术院校学习油画、版画、雕塑、舞台美术设计和美术史论。这些学校都遵循着现实主义美术传统的教学原则，注重学生造型基础和写实技能的培养，这也使得留苏学员们在学习期间写实基本功得到了极大的提高，为其日后的写实创作奠定了基础。回国后，留苏生与苏联专家马克西莫夫在中国举办的油画训练班的学员们一起，将苏联的美术教育理论和实践成果努力地运用在美术创作、教学和研究一线，极大地推动了我国现实主义美术创作和学院派写实教学体系的发展，培养了大量现实主义美术创作人才。而留苏学派也成为20世纪中国美术发展历程中一个充满学术和文化价值的重要创作群体。在当时的特殊时代背景下，美术家主要以革命历史事件和英雄人物为题材，以社会主义现实主义的创作理念为主导，通过熟练的写实油画技法，为观众呈现了其在现实主义油画语言和创作观念方面的积极探索。具有代表性的作品有：罗工柳的《前赴后继》、全山石的《宁死不屈》、靳尚谊的《毛泽东在十二月会议上》、詹建俊的《狼牙山五壮士》、侯一民的《刘少奇同志和安源矿工》等，为后续的美术家提供了优秀的现实主义绘画范本。

改革开放后，从20世纪80年代末90年代初开始，国内各高等艺术院校陆续选派优秀的师生到苏联（俄罗斯）留学，以中央美术学院的孙韬、叶南、戴士和、王少伦等为代表的一群美术家可以称为新中国第二代留苏留俄（此处的“第二代”是相对于第一代留苏人员而言的）美术家。他们以现实主义的学术宗旨为指导，在创作的形式和内容、风格和语言等方面与第一代留苏美术家有了较大的不同。中华民族五千年来悠久的文化艺术传统为第二代留苏留俄美术家提供了丰富的创作资源，他们把自己对国家、对民族与对人民的爱，用朴素、真挚的感情和带有现实意味的艺术语言表达了出来。美术家作为生活在现实环境中的独特群体，在生活与情感的交融中总是特别敏感，他们会借用自己的作品来表达对生活的看法和对生存状态的关注。第二代留苏留俄美术家借助包括苏联/俄罗斯在内的西方古典和现代艺术技巧，围绕现实生活、自然环境、民族历史，通过独有的油画语言，展示了他们对人性、情感、民族的关注，对苏联（俄罗斯）艺术也从单纯的取经、学习转变为批判的吸收、借鉴，并完成了向中国民族油画艺术语言的探索转向。孙韬的《圆明园劫难》、王少伦的《第一届政治协商会议》，均成功入选国家重大历史题材美术创作工程。叶南近年来创作的以凄凉和孤寂为主题的系列油画作品强悍有力，显示出她日渐成熟的独特风格。

近年来很多国内年轻学子满怀俄罗斯情结，以公费或自费留学形式到俄罗斯知名美术院校学习，以实现自己的艺术梦想。这群充满朝气与创造力的“70后”“80后”留俄学子属于新中国第三代留俄美术家。徜徉在西方艺术的长河中时，他们所面临的使命已不同于前辈美术家。在坚实地掌握现实主义的绘画技巧和观念之外，他们更需要深入挖掘油画语言多样表达的可能性，实现与中国艺术传统的深度融合，并能够深入地反映中国社会日新月异的发展面貌，为此，他们在题材和表现形式上都进行了丰富多样的试验。在他们的作品里，既能看到传统现实主义艺术的严谨与细腻，同时也能感受到全新的艺术语言的表达。在第十三届全国美术作品展览油画作品展上亮相的张可扬的《我的乌兰牧骑》、张永的《家园·玉树日记》均是少数民族题材作品，其画作随着情感的升华而发生与之相应的技法变化，强烈的现实主义表现风格提升了画面的视觉感染力。

总体上看，第二、第三代留俄美术家的作品围绕现实主题，通过不同的艺术视角表达了美术家对现实生活、自然环境、民族历史的关爱和感悟。他们的作品风格面貌多样，审美追求也有所不同，但有一点是相同的，那就是他们在领会和掌握包括俄罗斯在内的西方古典和现代艺术技巧的同时，努力赋予作品以我们时代和我们民族的风采，充分反映出了朴实无华的现实主义审美格调。从技法表现上看，在他们的作品里，既有传统现实主义艺术严谨与细腻的笔调，又有对全新的艺术表现形式的探索。第二、第三代留俄美术家以多样的风格特点和丰富的艺术语言，使其作品呈现出了与前辈美术家不同的风貌，展现了他们对于本民族文化强烈的自信和对自我才华个性的强烈自信。

三代留苏留俄美术家作为中国美术界的一个重要创作群体，坚持艺术为社会服务、为人民服务的方向，坚持以弘扬真善美为己任的现实主义艺术理想，促进中国美术事业的繁荣与健康发展，促进我国社会文化的和谐与进步。他们努力坚持自己的艺术方向，并不断走向成熟。他们为新时代的中国美术创作注入了新的活力，为中国美术界更好地去审视自身的过去、现在与将来提供了一个良好的参照，同时也为中国现实主义美术创作学派的传承书写了新的篇章。

浅议当代历史画的发展

李根（上海大学美术学院教师、博士）

“历史画”这一概念来源于西方，一般指描绘历史、宗教等重大题材的大型绘画。在历史画领域，西方绘画史上曾出现过大量的标杆性人物。从弗朗切斯卡到达·芬奇，从拉斐尔到卡拉瓦乔，再到鲁本斯、伦勃朗等，可以说不胜枚举。一般我们衡量一位西方画家在美术史上的地位，经常会拿出他最有分量的历史画作品来佐证。

在中国，历史画的概念直到20世纪上半叶才被确立，是伴随着西方绘画技术的完整传播而引入的。中国人到西方学习绘画，将比较完整的西方绘画理念传入国内，并开始主动地创作符合“历史画”这一概念的作品，其代表作有徐悲鸿的《田横五百士》、蒋兆和的《流民图》等。

这些作品是符合西方传统历史画的创作特点的，虽然画种不同，有些是油画，有些是国画，但是整体的创作思想是一致的。它们也符合中国传统绘画的功能要求。在中国传统画论体系中，绘画的功能可以概括如下：中国画的社会功能，从总体上说是一种审美功能，其中包括审美认识功能、审美教育功能、审美娱乐功能、审美调剂功能。（参见周积寅著《中国画精读与析要》，上海人民美术出版社，2017年版）所以这批作品的影响很广，得到了充分的肯定，是可以代表初期历史画在国内的发展水平的。这一历史画创作面貌在国内保持了很长时间，直到21世纪初期，大部分的历史画创作都是这种样式的。特别是官方推动的多项历史画创作工程，确立了这一样式的主流地位。

绘画的发展虽然会受到外在力量的影响，但其自身的发展轨迹往往是难以人为去改变的。“当代绘画”是当代的主流绘画模式，已经是美术界的共识，那么“历史画”这一看似陈旧的绘画方式在当代是否有存在的空间呢？笔者认为“历史画”不光会发展下去，而且会展现出更丰富的艺术魅力。

要谈论历史画与当代绘画的关系，首先要界定何为“当代绘画”。我们这里所讨论的“当代绘画”特指狭义的当代绘画，并不是指当今时代的绘画，即不是以历史断代的时间来判断，而是以绘画风格来判断。我们发现所谓“当代绘画”的最大特征就是其强调作品的观念输出，而不是强调绘画本身的传统审美功能。当代绘画大多不以具象的形式表现，往往强调其观念性并伴有图式化的视觉展现。如果从当代绘画的核心思想来看，当代历史画也应是当代绘画的一部分。在当今的环境下，在传达作者的观念方面，历史画有其特有的优势。

进入现当代社会，绘画的社会功能性作用被分化，特别是绘画的认识及教育功能。没有人再将绘画作品看作观众认识事物、宣扬道德的主要途径。当代艺术中艺术家的自我表达渐渐被激发出来，成为绘画作品的主要内容，这已经是不争的事实。原来历史画所承担的“成人伦、助教化”的功能是十分突出的，而在当今时代这种功能只能在特定的场合及人群中才能发挥作用。

当代历史画的发展呈现出一种新的局面。一方面，部分当代历史画是传统历史画的延续，继续发挥着历史画所具有的社会功能；另一方面，画家自发进行的新式历史画创作是画家对当代艺术创作的尝试。

当代历史画有两个分支。一是继承传统历史画的创作面貌，加入新式的创作方式。如刘小东所作三峡题材组画，描绘的是在改造三峡这一宏大历史背景下的当事人的群像。组画采用了比较典型的历史画创作方式，是传统历史画创作的延续，但是它也有当代绘画创作的特点。这些作品是画家在户外写生的环境下完成的，而且描绘的是一段正在发生的历史。其整体的创作方式是传统模式与当代观念的结合，可以认为是一种对当代历史画创作的探索。二是将历史画图式化的创作模式。这类作品，笔者认为有着更大的颠覆性，是对传统历史画的激进改造。在作品中，虽然具象得以保留，但是与传统历史画作品相比，主题的叙事性被抛弃，而且空间感与立体感被大大削弱，甚至错位表现。作品的抽象构成被作为一种重要的因素来强调。然而通过对具体形象的仔细观察会发现，人物间往往有着独特的内在联系，有一种带有主题性的纽带贯穿于各个形象之间。例如在殷雄的作品《犹太人的上海方舟》中，人物形象带有明显的时代感。从服饰来看描绘的是二战期间的犹太难民，人物之间有主题性的联系，但是综观画面却又没有传统历史画的那种核心的叙事特征。人物的空间关系也不是传统的焦点透视模式,画面左下侧大量的留白也不是传统油画的表现手法。其另一个特点就是画作思想内涵的传递是隐性的,是需要观者自己去发掘的,作者没有给出十分明确的指引与暗示。这种创作方式是对当代历史画的一种尝试,符合当代绘画的创作模式,并且是可以给当代绘画以启发的。

前文关于当代历史画的发展的论述,是笔者在创作与研究历史画期间,对当代历史画的观察与分析的总结,列举的作品也是笔者目力所及比较有代表性的。历史画在当代的美术环境下面临许多冲击,但它深刻与厚重的艺术魅力独具特色,这使它仍然具有很强的生命力,更重视表达画家自我观念是其必由之路。当代历史画应该比纯图式性的历史画作品更有深度,更能与观众的文化背景产生共鸣,从而可以更好地表达画家的自我意识,拉近绘画与观众的距离。

重庆市话剧院的发展之路

编者按：

重庆市话剧院已经走过70年岁月。20世纪40年代是中国话剧在重庆的“黄金时代”。一大批杰出的艺术家和作品为重庆市话剧院的成立奠定了艺术基础，重庆话剧现实主义传统逐渐生根发芽。从1949年到2019年，重庆市话剧院风雨跋涉，一边努力守住老传统，发扬老传统，打造经典作品，一边在不断变化的时代文化语境中沉淀，把握新的艺术风格和方式，努力言说新时代的“新传统”。下面的三篇文章对此有深入的探讨。

重庆市话剧院的艺术传统

蒋长朋（重庆市文化和旅游研究院）

一、从战火洗礼中走出来的重庆话剧

重庆话剧传统的形成与发展离不开外地来重庆的戏剧家以及演职人员的辛勤耕耘。抗战时期，国立剧专以及许多专业剧团、抗敌演剧队等陆续迁到重庆，与重庆当地的移动剧团、儿童演剧队、怒吼剧社等汇流在一起，形成了以重庆为中心的抗战戏剧格局。由于重庆是一座山城，每年10月到次年5月，浓雾弥漫不散，形成“雾季”。山城遮蔽在浓雾之中，天空能见度极低，敌机不敢贸然前来轰炸。大自然给重庆地区的人民带来相对的和平环境，戏剧工作者们趁此天赐良机，群起出动，掀起演剧热潮。1941年10月至1945年10月，历时4年之久的“雾季公演”，共有近30家戏剧社团参加演出，演出话剧118部①，响遍及全国，鼓舞了人民的抗敌热情。连年演出推动了创作，涌现出一大批优秀剧作，使话剧在反映生活的深度和广度上都有所拓展，为重庆话剧形成了抗战时期的战斗传统。

① 田本相，宋宝珍.中国百年话剧史述[M].沈阳：辽宁教育出版社，2013：299.

1. 抗战现代剧

重庆“雾季公演”期间的话剧作品，都隐含着一种较为尖锐的社会批判性与社会问题暴露倾向，如宋之的的《雾重庆》批判了小资产阶级知识分子空想、动摇、颓唐的劣根性，老舍的《残雾》揭露了汉奸与官吏同流合污的重庆社会现实，陈白尘的《升官图》嘲讽了吏制腐败、恶人横行、庸俗无耻的社会现实，等等。这些剧作从不同侧面、不同角度指向一个目标，即隐晦、曲折地揭露以重庆陪都为中心的大后方的社会黑暗，显示出重庆陪都戏剧更加接近现实社会生活的特征，是现实主义抗战现代剧的发展和提升。特别是在重庆陪都戏剧活动与民主运动合流过程中创作的《清明前后》和《升官图》，更具有尖锐的现实批判意义，紧密配合着政治上的民主运动。

2. 抗战历史剧

“皖南事变”以后，严酷的文化专制，使剧作家处境险恶。为着避免查禁，为着表达戏剧工作者坚持团结反对分裂、坚持进步反对倒退、坚持抗战反对投降的愿望与决心，进步戏剧家只好搞搞历史，写史剧之类的东西了。因此，取材于历史，立足于现实的抗战历史剧演出盛况空前。在“雾季公演”时期，有郭沫若的《棠棣之花》《屈原》《孔雀胆》《虎符》，阳翰笙的《天国春秋》《槿花之歌》，欧阳予倩的《忠王李秀成》，吴祖光的《正气歌》《牛郎织女》《林冲夜奔》，周彦的《桃花扇》，杨村彬的《清宫外史》等历史剧演出。这些剧目以古喻今，借古讽今，宣传团结对敌，抨击分裂、专制，讴歌爱国主义，鞭挞投降变节，都是弘扬爱国精神，歌颂民族气节的作品。虽然抗战时期重庆陪都历史剧中的人和事远离抗战现实，却掺杂着现代的成分，隐含着深邃而丰富的现实内容。所以，抗战时期的重庆话剧，无论是现代剧还是历史剧，都具有深厚的抗日民主斗争时代的战斗传统。

二、新中国成立以后形成的艺术传统

1949年7月，中国人民解放军西南服务团文艺大队在上海成立，通过考试或由原中共地下党有关组织推荐，招收了一批在戏剧的编、导、演、舞美等方面具有专长的人才与有志于文艺的大中专青年学生。他们在南京集中学习后，随第二野战军进军前往西南重庆。

1949年12月17日，西南服务团文艺大队行进上千公里抵达重庆，接管了原救亡演剧十二队、阮振南魔术队、国民政府总统府乐队、国民党四十四军政工队，并吸收了部分重庆的话剧、音乐工作者和爱好文艺的青年，重庆话剧的发展转入新的历史时期。1949年12月25日，组建中国共产党重庆市委员会文工团，过去的民间团体转变为正规的政府统辖的艺术团体。1958年1月，原文工团成为专业话剧表演团体，更名为重庆市话剧团。2017年6月，更名为重庆市话剧院有限公司(后文简称“重庆市话剧院”)。

重庆话剧在新中国成立以前经过战争洗礼形成的战斗传统,是在实际生活中生长和提炼出来的,这为重庆话剧奠定了现实主义戏剧的艺术基调。不论是具有时代特征的现实题材的话剧作品,还是关注巴渝地域文化的话剧作品,抑或是移植改编的中外名剧,都具有鲜明的现实主义艺术特征。

(一)具有时代特征的现实题材作品

1.工人阶级的生产建设:《四十年的愿望》《比翼高飞》

新中国的成立为中国人民带来解放的欢乐和当家作主的幸福感,全国人民上下一心,大力发展生产建设。

1952年9月,文工团戏剧队演出了第一部原创话剧《四十年的愿望》(李庆昇、石玺、石曼、田广才、赵锵编剧,赵锵导演)。该剧以新中国成立初期成渝铁路的修建为题材,记录了西南地区人民为高山阻隔,盼了多年,才实现了天堑变通途的历史,反映了重庆钢铁工人立志奋发、献智献力轧出中国第一根钢轨,为建成新中国的第一条交通大动脉——成渝铁路做出关键性、历史性的贡献。1953年5月,中国青年艺术剧院演出了该剧。1956年,该剧参加了第一届全国话剧观摩演出会,获得创作二等奖、演出一等奖。

《四十年的愿望》剧照,重庆市话剧院供图

《比翼高飞》(重庆市话剧团集体创作,赵锵导演)选取了两个皮革工厂之间开展比、学、赶、帮、超运动的一段故事,批判了高厂长骄傲自满、故步自封的思想,歌颂了周海东不断革命的精神,刻画出令人信服的干部形象,传达了毛主席教导的“虚心使人进步,骄傲使人落后”的精神。1966年,《比翼高飞》赴京公演,并进入中南海怀仁堂为中央领导同志演出。

2. 弘扬红岩精神:《红岩》《红岩魂形象报告展演》《幸存者》《红岩魂》

重庆是一个有着光荣革命传统的城市,红岩文化产生于抗日战争时期的重庆,作为红岩文化内核的红岩精神,集中体现了老一辈无产阶级革命家的精神风貌,其救亡图存的爱国精神、不畏艰险的奋斗精神、同舟共济的团结精神、勇于牺牲的奉献精神,历年来一直呈现在重庆的话剧舞台上。

同名小说改编的话剧作品《红岩》是剧作家席明真为重庆市话剧团而作。《红岩》搬上舞台后,引来万众瞩目,掀起了观看《红岩》的热潮。演出中,田广才扮演的许云峰同刘曦扮演的徐鹏飞之间的对手戏,一方是镇定自若、视死如归,一方是威逼利诱、色厉内荏,双方隐匿于心的心理攻防格斗,形于外的眉眼碰撞、唇枪舌剑,扣人心弦,获得人们的一致好评。这部戏的文学剧本和演出,引起了国内戏剧界的广泛关注。日本戏剧界代表团的友人将剧本等资料带回了日本国内,之后这部作品在东京公演。

2000年6月,《红岩魂形象报告展演》(厉华撰稿,张仁里编导)正式公演。该剧是在传统的由一人主讲的《红岩魂》报告会的基础上,配合报告内容,嵌入由演员塑造的人物形象的情境表演,同时通过舞台、灯光、布景的综合运用,引发观众的情绪,使之一步步与报告剧融为一体。演出现场,随着报告人的演讲,舞台上出现了“狱中绣红旗”“刘国鋕烈士三次拒绝家人营救”“王朴烈士及其母亲变卖家产支援革命”“陈然烈士拒绝敌人诱降”“烈士们狱中写信向党提出八条意见”等情景。

2013年,取材于红岩英烈事迹的话剧《幸存者》(唐栋、蒲逊编剧,傅勇凡导演)正式演出。该剧突破传统革命历史题材作品的叙事方法,采用情节剧和悬疑剧的结构方式,剧作者重新连接组合人们耳熟能详的“红岩”素材,如“为了崇高的理想而放弃个人幸福”“歌乐山的‘豆腐渣’围墙”“为革命而假扮夫妻”“洪水后,人们从旧牢狱中获得了新的历史资料”等,讲述了主人公穆之光的未婚妻30年坚持寻求恋人在“11·27”大屠杀中的死难真相的故事。剧中,穆之光不同于以往英雄人物“高大全”的形象,他为了新中国的建立,忍辱负重,甚至让同志们误认为他是叛徒。后在其未婚妻和有关人员的努力下,终得平反。这部作品对革命历史题材的表现做出了崭新尝试,使红色戏剧赋予观众一种别样的感受。

《幸存者》剧照，重庆市话剧院供图

2018年，根据《红岩魂形象报告展演》，剧团青年编剧王宏亮、导演梁东华创作了话剧《红岩魂》。该剧以女大学生小周为了完成"狱中八条"的毕业论文，在歌乐山烈士墓采访"11·27"大屠杀的幸存者"张爷爷"为背景，围绕"《挺进报》事件"的发生展开，用五个温暖的故事串联，再现了刘国鋕、王朴、陈然、江竹筠等的英雄群像，展现了共产党人高尚的革命情怀和不朽的人格魅力。该剧从2018年10月29日正式公演以来，先后在重庆市各区县、上海等地连续演出30场，得到了媒体和观众的赞誉。2019年12月5日，《红岩魂》在北京参加第三届全国话剧展演季，在演出结束后的专家研讨会上得到了专家们的一致好评，中国话剧协会主席蔺永钧表示，该剧是一部带有纪实色彩，具有至高戏剧美学追求的话剧佳作，是一部立足于鲜活人物塑造且极大地丰富了中国话剧人物长廊的优秀剧目。

（二）关注巴渝地区的风土人情

重庆建城3000多年，得名800多年，历史上曾三次建都、四筑渝城、八次移民，具有深厚的历史文化底蕴。巴渝文化、革命文化、三峡文化、移民文化、抗战文化、统战文化在此交融。重庆市话剧团创作的《沙洲坪》《桃花满天红》《河街茶馆》《朝天门》《其香居茶馆》，在语言、音乐、服装等方面，充分吸收了巴渝舞、川剧、川江号子、龙门阵、袍哥文化等巴渝文化的艺术特征，具有浓郁的地域特色。

1994年，举国上下关注的长江三峡水利枢纽工程开工建设，由此引发的移民搬迁、生态环境等诸多问题，给艺术创作增添了很多素材。重庆市话剧团以此为背景，创作了话剧《沙洲坪》（原名《喜丧》，阳晓编剧，戴克导演）。该剧虚构了三峡地区一个普通小村镇——沙洲坪，通过沙洲坪和它所负载的沙洲坪人来透视三峡库区百万移民面对机遇和挑战的种种心态，去表现他们对土地的依恋与对未来的憧憬，揭示出三峡工程功在当代、利在千秋的思想意蕴。这部作品以诗化的舞蹈造型艺术手段、感情忧郁深沉的土风歌"夜歌子"展现了浓郁的巴山巫水的地域特色和乡土气息、悲欢离合的人物命运，在第二届西南地区话剧节上，得到了观众及媒体的认可，并引发热议。《重庆日报》《重庆晚报》《现代工人报》《重庆文化报》《渝州艺谭》等都发表了关于该剧的评论文章。1995年，《沙洲坪》获得了中宣部"五个一工程"奖，填补了重庆在该奖项上的空白。

《桃花满天红》（编剧丁萩，导演任鸣）2005年初演，曾获"2004—2005年度国家舞台艺术精品工程"优秀剧本奖。《桃花满天红》的故事发生在20世纪40年代重庆一个具有浓郁地方风情的小镇。全剧围绕一个"酒"字，借助发生在田、孟两个酿酒世家几十年的恩怨纠葛，渲染出一段起伏跌宕的悲情人生，折射出20世纪初叶中国历史的变迁以及炎凉世态下的人物众生相，编织出年轻的酒坊主人孟怀风和恋人桃花之间生死相依的爱情诗篇。戏剧评论家黄维钧说："这是一出颇耐人寻味，颇具生活气息、民俗风情和巴渝文化特色，具有巴渝话剧的鲜明特色和魅力的新创话剧。"舞美方面，展示了吊脚楼、黄葛树、断石、梯坎等重庆城市风貌。

《河街茶馆》（编剧隆学义，导演王向明）是一部方言话剧，围绕抗战时期的奇女子"幺姨妈"展开。独自一人经营着茶馆的幺姨妈，面对剧中茶客"号子头""黄腊丁"的深深爱慕不为心动，仍然坚持等待其丈夫"幺姨爹"回来。"号子头"明知自己无望，仍执着追求，临死前让养子送了个红木箱给幺姨妈。而这个未打开的红木箱便成了剧中最大的悬念，直到最后才揭开谜底。这部作品以重庆大轰炸为背景，巴渝文化为底蕴，河街茶馆为中心，表现出世俗平民的爱国情结、生存状态和生活方式。老板娘幺姨妈和形形色色的茶客们，虽然饱受轰炸痛苦，挣扎在死亡边缘，备尝生活艰辛，仍然心存善良，不失乐观。面对民族兴亡，他们自觉或不自觉地焕发出了传统美德和民族骨气。2010年，《河街茶馆》荣获第六届全国话剧优秀剧目展演特别奖；2011年，荣获第十二届中国戏剧节剧目奖；2014年，荣获第九届中国话剧金狮奖新剧目奖。

《河街茶馆》剧照，重庆市话剧院供图

话剧《朝天门》（编剧王逸虹、王彩练，导演傅勇凡）首演于2015年，截取了辛亥革命时期、民国军阀混战时期、全面抗日战争初期三个历史时期断面，运用现实主义的表现手法，通过朝天门码头建造者陆家几代人的故事，展现了20世纪上半叶重庆朝天门的兴衰与沉浮，以宏大的戏剧结构编织了陆家人的命运和情感纠葛，连缀出陆家身边、朝天门下众多的民生肖像，勾勒出重庆民众善良、质朴、坚毅、豪爽和敢于担当的精神特质，讴歌了爱国爱家、自强不息的民族精神，表达了老百姓对富强、民主、和平的向往。这部作品让观众在江边嘹亮悠长的号子声中，在袍哥切口、老重庆的言子中，仿佛回到动荡岁月中的重庆，感受到在山城过往发生的那些令人动容的故事。朝天门就是重庆的文化符号，朝天门的历史会被重庆人记住，《朝天门》里所展现的血性和激情，也会被观众记住。

《其香居茶馆》（编剧杨云峰、麻文琦、陈家昆，导演陈大联）改编自中国现代文学家沙汀的短篇小说《在其香居茶馆里》，讲述了20世纪30年代末，川西北回龙镇其香居茶馆的故事。新任县长要严厉整顿兵役，回龙镇上“无人敢碰”的邢幺吵吵的儿子被县兵役科抓了壮丁，原来是镇联保主任方治国从中使坏。而邢幺吵吵自己却又与陈新老爷合谋，让胡寡母的儿子胡人种落入圈套，在胡家的祖坟下开挖起金矿。于是，一场“评公论理”的“吃讲茶”如期而至，继而牵连出更多的矛盾和乱象。该剧深刻揭示了旧社会基层的腐败，在官僚和地方绅士、袍哥大爷等黑恶势力联合压榨下底层人民艰难的生活现状。

(三)中外名剧的移植改编

坚持原创现实题材话剧创作一直以来都是重庆市话剧团的立团之本,但这并不意味着他们只有原创剧目。在不同时期的社会环境下,通过移植、改编中外名剧来提升艺术档次,训练演员,既是重庆市话剧团不断学习、不断提高的优良传统,同时也是剧团与世界交流和对话的窗口。

《红旗歌》是一出四幕话剧,首次由华北大学文艺学院第三文工团排演。该剧以1947年刚解放的石家庄大兴纱厂为背景,表现了女主人公马芬姐的性格发展与命运变化。苦难出身的马芬姐在旧中国受到资本家的压迫,被赶出厂门。受到的剥削、压榨扭曲了马芬姐的性格,她变得孤僻、倔强,甚至有些无赖。新中国成立后,通过党组织和工友们的帮助,马芬姐从一个觉悟不高的女工变成了一位新型的产业工人。重庆市话剧团于1950年3月演出该剧,这是剧团成立后向重庆观众献演的第一部话剧作品。重庆市话剧团通过对舞美方面的创造,把一个立体感、纵深感、真实感很强的纺纱大车间搬上了舞台。由于这部戏的内容本身就贴近人民心声和社会需求,重庆的话剧观众和话剧界对其给予了高度的关注和很高的评价。该剧连续演出100余场后,又到工厂演出近半年之久。因《红旗歌》演出带来的社会影响较大,首演剧场抗建堂也改名为红旗剧场。从此,红旗剧场成了重庆市话剧团的主要演出阵地。

为配合抗美援朝运动,重庆市话剧团上演了《保尔·柯察金》(导演徐九虎)。该剧改编自苏联小说《钢铁是怎样炼成的》,讲述了保尔·柯察金在布尔什维克党的培养下,总是把党和祖国的利益放在第一位,在保卫苏维埃政权的战斗中,与外国武装干涉者和白匪军浴血奋战,表现了甘愿为革命事业献身的崇高精神。《保尔·柯察金》演出以后,在青年干部和学生中产生了广泛的影响,掀起了大家学习保尔的热潮。

《尤利斯·伏契克》(导演赵锵)是改编自捷克斯洛伐克民族英雄尤利斯·伏契克《绞刑架下的报告》的剧作,于1953年出现在重庆舞台。该剧讲述的是尤利斯·伏契克和他的同志们对纳粹分子的斗争经历以及自己被捕入狱的经过和在狱中遭遇的折磨,歌颂了在监狱中进行不屈不挠战斗的伟大集体。排演该剧时,时任重庆市市长的任白戈同志曾在排练场为大家介绍二战时期剧本故事发生年代的东欧、苏联战场形势,以及地下斗争和出版《红色权利报》的情况,让剧组人员对剧情和人物理解得更加深刻。该剧上演后,在思想性、戏剧性、艺术性方面均表现不俗。1954年春天,《尤利斯·伏契克》作为中国人民慰问解放军代表团西南分团的慰问剧目,随慰问团奔赴云贵川三省演出。演出过程中,尤其是尾声部分,立于朝霞映衬下开满鲜花的原野的尤利斯·伏契克的形象,深深感染了部队官兵。

《日出》(编剧曹禺,导演赵锵)是曹禺的第二部剧作,北京人民艺术剧院于1956年11月公演。该剧以20世纪30年代的天津社会为背景,以交际花陈白露为中心人物,以陈白露住的某大旅馆(惠中饭店)华丽的休息室和三等妓院(宝和下处翠喜的房间)为活动地点,分为黎明、黄昏、午夜、日出四幕,描写了20世纪30年代初期在资本主义世界经济恐慌影响下的半封建半殖民地的都市里,代表腐朽势力的上层社会在黑暗中"损不足以奉有余"的种种活动和下层社会人民的悲惨生活。重庆市话剧团演出此剧在1957年1月30日,演出时,适逢周恩来总理回国途经重庆,周总理两次观看演出并给予了赞赏和鼓励。

《燃烧的梵高》是北京人民艺术剧院于2013年推出的小剧场话剧。重庆市话剧团三次赴京洽谈成功后,购买了该剧剧本进行全新打造,于2016年1月8日在重庆国泰艺术中心首演。该剧的舞台布景与重庆市话剧团以往的写实路线完全不同,采用了十分抽象的山形背景板。舞台上方挂了一个高低起伏的纱幔,随着剧情的发展,《向日葵》《星空》等梵高的经典画作不断投影在上面,以展现梵高起伏变化的情绪。梵高的扮演者,青年演员梁东华力求突破以往塑造戏剧人物的惯用技法,他的内心能量的蓄积与爆发、主观意识强烈的肢体动作和近乎神经质的人物心理刻画,都比较真实地表现出梵高的内心煎熬和独特的人物特征。该剧的演出引发了业界、媒体和公众的广泛讨论。

此外,剧院上演的中外名剧还包括《雷雨》《胆剑篇》《同志,你走错了路》《天国春秋》《北京人》《结婚进行曲》《霓虹灯下的哨兵》《南海长城》《夜店》《卡门》《万水千山》《枫叶红了的时候》《麦克白》《我可怜的马拉特》《比萨斜塔》等。

重庆市话剧院在一段跨世纪的厚重历史中,始终坚守话剧这片文艺阵地。在经历了70年时间风雨的考验,经历了70年的艺术创作、演出实践后,逐步建立和形成了独具特色的鲜明艺术传统:在创作倾向上,坚持现实主义,为工农兵服务、为无产阶级政治服务;在演出风格上,以斯坦尼斯拉夫斯基戏剧艺术体系为主,广泛吸收重庆地域文化,扎根生活,关注时代。

再出发:重庆市话剧院的探索之路

黄波(重庆市文化和旅游研究院)

重庆市话剧院是一家有着70年悠久历史的全国知名戏剧院团,秉持抗战话剧的优良传统,始终坚持现实主义戏剧创作手法,先后排演了数百部话剧作品,涌现出一大批卓有建树的戏剧艺术家。重庆市话剧院始终坚持立足于真实的社会生活,宣传党和国家的政策,反映新中国的巨变,推动话剧艺术在重庆的普及和发展,在创作演出等方面都比较活跃。但是随着市场经济的到来，社会生活发生了很大变化，舞台艺术领域受到前所未有的冲击，重庆市话剧院也进入艰难跋涉的困难时期。

时移世易，近年来，文化作为国家发展的软实力，越来越受到重视。十九大报告提出要“坚定文化自信，推动社会主义文化繁荣兴盛”，将文化的发展提升至国家战略层面。在这样的环境下，全社会对文化艺术的认识逐步提高，话剧艺术在全国范围内也开始进入渐次复苏的历史时期。

面对这样的历史机遇，重庆市话剧院在新一届领导班子的带领下，坚持“守正创新”，继承话剧院70年来的优良艺术传统，深入分析国内外戏剧发展的总体趋势，围绕“为人民创作”的工作中心和导向，积极谋划话剧院的未来发展之路。可以说，这是一次“再出发”的长途旅行，也是一家久负盛名的艺术机构在新时代的自我蜕变、自我革新的探索之路。

重庆市话剧院建院70周年合影，重庆市话剧院供图

目前，全国话剧发展的总体趋势向好，但重庆的话剧现状并不乐观。话剧艺术在重庆人民的社会生活中几乎没有什么影响力，话剧艺术在重庆的发展环境也不容乐观，这与重庆悠久的话剧艺术传统和当下的社会文化发展极不合拍。对此，话剧院经过反复分析论证，外出考察学习，决定从剧院自身的管理和运行机制入手，抓牢艺术创作生产和市场推广等核心环节，引领重庆本土话剧市场的培育与发展，将剧院带入新时代的发展快车道。

一、夯实基础、强化管理，规范落实部门职责，提升剧院的运行效率和实际执行力

在区域市场上，国有剧院一般都拥有很好的艺术存量资源，还有着政府强有力的支持，

但往往由于内部管理和运行机制严重滞后，其不仅在艺术创作生产上没有呈现出应有的成果，在演出市场的表现上也难如人意。所以，在舞台艺术逐步由国家计划模式向市场竞争模式转变以及文旅融合的背景下，国有剧院突破自身管理的短板，在内部运行机制上狠下功夫，将大量优质而闲置的艺术存量资源转化为激发竞争、出击市场的手段与利器，就成为院团自我革新发展的前提和基础。

遵循这样的改革理念，话剧院先后制订和完善了二十余种管理方案，其内容涉及院里各个职能部门，涵盖人事考勤、薪酬体系、主创人员收入标准以及剧场、排练厅管理等各个方面。通过这些管理方案，力求理顺剧院内部的运行机制，统一员工的思想，规范职工的行为准则，以此增强剧院作为一个现代艺术机构所应有的团队凝聚力和竞争力，激发出剧院本应有的生机与活力。

二、延请名家，整合资源，建立剧院的艺术委员会，为创作生产建立决策机制

创作生产是剧院的核心工作，剧目的创作、选择和排演直接关系着剧院的存在价值和社会影响力。为此，剧院遍邀全国行业名家，组建艺术委员会（以下简称“艺委会”），为剧院的创作生产进行决策把关。艺委会的每位专家对于剧院准备立项的剧目都有自己的投票权，剧院也会将每一部意向投排的剧目情况发送给各位专家以征求意见，立项后的剧目在正式首演前也会请专家提出审核意见，尽量保证剧目在思想性、艺术性、观赏性及市场表现等方面都能够获得一个较高的起点，使所推出的剧目成为观众喜欢看、剧院留得下的优秀剧目，从而推动剧院不断进行优质艺术资源的累积和传承。

重庆市话剧院成立艺术委员会，重庆市话剧院供图

三、确立大型(原创)剧目、小剧场话剧、儿童戏剧三大类剧目创作生产方向，力求剧院在艺术建设、社会影响和经济效益等多方面得到突破

剧院希望在传播巴渝文化、再现重庆重大历史事件、讲述重要历史人物故事、传播社会主义核心价值观等方面继续推进中国话剧的重庆实践，推进经典再现与讲好当代故事的有机结合。

一家成熟且具有影响力的剧院，不仅有着自己鲜明的创作风格和剧目特色，同时也能够不断突破自身在艺术上的局限性和单一性，让剧目的创作生产和演出呈现出较为多元化的特征。剧院在过去的70年里，不仅创作演出了《四十年的愿望》《比翼高飞》《红岩》《桃花满天红》等大型原创剧目，也成功上演过《保尔·柯察金》《尤利斯·伏契克》《日出》《枫叶红了的时候》等经典剧目。近年来，剧院也开始涉足都市小剧场话剧的创作演出，为剧院未来在剧目上的多元化建设打下了坚实的基础。

当下一个不容忽视的事实是，观众审美水平提高和审美趣味转换的速度快得令我们难以想象。由于社会教育程度的普遍提高和互联网时代的生活方式的变化，在某种意义上，观众比我们戏剧专业人士成长得更快。这个事实带来了这样一个戏剧现象：前些年在“北上广”一带普遍流行的都市爆笑剧、职场减压剧等类型的剧目，以及一些格调较为低俗、追求观众廉价笑声的小剧场戏剧，目前已经明显式微，逐渐被不断成熟起来的、渴望具有更高思想性和艺术价值的文艺作品的观众所远离。比如，近年来，《白鹿原》《平凡的世界》《宝岛一村》《日出》《雷雨》虽然皆非市场热捧的明星剧，但其市场表现已经非常亮眼，获得了重庆观众的普遍认同，票房情况远好于预期；相对而言，多年来火遍全国的“开心麻花”系列的部分剧目，在重庆的市场表现反而明显地呈现出下行颓势。所以，结合重庆正在逐步成长的话剧演出市场和广大观众特别是有知识、有眼界的青年观众的需求，重庆市话剧院确立大型(原创)剧目、小剧场话剧、儿童戏剧三大类剧目生产线是有较强的现实针对性的，看准了重庆话剧市场未来的成长空间和受众的审美诉求，可以提升剧院的内在艺术生产力和整体艺术水准。

其实，坚持戏剧艺术积极介入当下的社会生活，坚持戏剧的思想性、艺术性与观赏性的统一，坚持传承古今中外优秀经典剧目，注重戏剧的社会效应和剧院自身的艺术建设，并将演出作为手段，将剧场作为平台，不断地孵化和呈现真正优秀的戏剧作品，发现培养极具潜力的戏剧艺术家，这本身就彰显了一家国有戏剧院团所应有的社会担当和文化责任。

四、着力推行戏剧制作人制，全面激活剧院艺术创作生产活力、改变传统创作生产导向、盘活闲置艺术资源、抢占区域话剧演出市场

上海话剧艺术中心是国内较早实施戏剧制作人制并取得显著成效的国有戏剧院团。事实证明，戏剧制作人制是各个国有戏剧院团争取艺术生产力最大化、市场拓展最有效化、院团管理经营机制最优化的最好选择。所谓戏剧制作人制就是一套以制作人为首的、有活力的、适应市场需求及富有艺术个性的新型运作机制。试行戏剧制作人制的制作实体是一个既具有生产功能，又具有管理职能的新型机构。旧体制下文艺院团的一个最大弊端就是院团办社会，在这个问题得到彻底解决以前，上海话剧艺术中心就努力尝试把艺术生产和销售这一块主体业务职能从其内部剥离开来，建立由制作人负责的演出实体，使其不受任何行政琐事干扰，专注于剧目策划、人员组合、制作监督、经费控制、质量把关、市场营销等一系列艺术生产的环节。这样，就在一个小环境内摆脱了院团办社会的种种繁杂和矛盾，在制作实体内实现了艺术资源的优化配置，使制作人集中精力高效地抓艺术创作生产和演出销售。除了上海话剧艺术中心，北京人民艺术剧院、国家话剧院多年来也大力推进戏剧制作人制，同样激发出院团的巨大生产活力，创作出众多广受欢迎的优秀剧目。特别是国家话剧院的孟京辉—葛大力、田沁鑫—李东制作实体，创造出了不俗的市场业绩，成为广大观众普遍认同的戏剧品牌。戏剧制作人制之所以具有较强的艺术生产力和高效的市场行动力，是因为这种运作机制将创作生产的决策、艺术资源的配置、市场营销的把控、分配环节的激励等方面的拍板权交给了集责权利于一身的制作人，因而大大激发出制作人和主创团队的主观能动性，使其能保持其产品和运营在市场上的较强竞争力。

结合多家话剧院团的成功经验，重庆市话剧院正在积极稳妥地推进戏剧制作人制的完善和实施。剧院把戏剧制作人制和艺委会职能紧密衔接起来，从剧目策划开始到正式演出，都已制订出一套比较完备的运作流程。第一步，制作人提交剧本，申请立项，经剧院内部筛选后报送艺委会评审；第二步，若艺委会通过该项目，则由剧院项目部立项，制作人开始选择搭建主创团队；第三步，制作人将包含项目预算、项目投资收益考核办法、项目档期、主创团队等内容的相关资料报送剧院财务部门审核；第四步，通过财务审核后，制作团队分各专业部门拿出具体创作方案再次报送艺委会审核；第五步，在距离正式演出前一个月前后，最后提请剧院艺委会进行立体审查，及时根据意见进行修改，进一步增强首演的成功率。

考虑到目前重庆本土话剧市场的特殊性，剧院也给制作人提供了项目运营的保护期，让制作人的收益不低于团队主演，待市场逐步成熟，剧院运行机制逐步理顺之后，再进一步增强制作人的主导权利，也使其相应承担更大的市场压力。

五、强化营销，建立以市场和观众为中心和导向的创作生产演出机制，逐步树立剧院和艺术家的品牌形象

目前，重庆市国有戏剧院团普遍都配置了相应的市场营销部门和人员，但在院团艺术创作生产和演出销售的全过程中，其作用似乎并没有充分地发挥出来——这应该与院团长久以来的思维定式、管理模式和运营机制的缺陷有关。当我们的创作演出还没有转变为以市场和观众为中心和导向的时候，院团的运作体系就只是一个空架子。只有当彻底改变以往的创作生产导向，将市场和观众作为院团关注的核心时，才能在组织机构内实现全面的营销管理体系的改造，仅仅设立一个市场营销部门、增添几个营销人员不可能有实质的变化。也就是说，当戏剧艺术机构明确了自身的艺术创作生产导向后，就必须在整个组织内部推行全员化和全过程的营销管理模式。如菲利普·科特勒等人在《票房营销》中所说，营销是这样一种手段，即通过它的运用，一个想要在客观因素条件下满足消费者的艺术团体会变得更加富有创造力，更加有效，也更能从市场上获利。有效营销管理模式的摸索是一个长期的过程，从院团领导到编剧、导演、演员、服装师、化妆师和舞美设计师，再到每一位后勤行政人员，都要将营销管理的思维理念深入内心，并在各自的工作中加以贯彻和实施。

剧院考虑对市场部的功能加以强化，紧密配合剧院的剧目创作生产的中心环节，全面推广戏剧制作人制，将票房营销和项目推广贯穿于从剧目策划立项到最终演出的全过程。

当一家剧院真正理解了市场营销的精髓和本质的时候，戏剧艺术才能适时回归其自身。从经济学角度分析，在完全竞争的市场条件下，高雅的表演艺术在理论上最终会消失，但整个文明社会实际上不可能让高雅表演艺术就此消失，这就是所谓的“市场失灵”。于是，政府会调动多种干预手段来保证这些非营利组织的生存和发展。在当下资讯无比芜杂、文化市场竞争异常激烈的局面下，话剧等高雅艺术虽然需要政府的大力扶持和对所谓“市场失灵”的调节，但归根结底仍然需要剧院自身筑就坚实的演出市场基础。在改革开放的红利日益显现、公众对美好生活的需要不断增长的前提下，剧院要满足人们对高雅表演艺术的文化消费需求，不仅考验剧院的能力，也检验剧院在“为人民创作”中所呈现出的态度与良知。

六、加强剧场建设，建立常态化的戏剧演出机制，促进城市文旅融合发展

剧场是剧院的阵地，没有剧场的剧院，往往会遭遇艺术成果转化的困难。目前，重庆市话剧院拥有抗建堂剧场、拾楼小剧场和重图剧场三个自有剧场，应该说具备了基本的排练演出条件，可以将许多艺术成果充分展示出来。同时，由于对这三个剧场都拥有完全的自主权，剧院可以进行年度和各种主题演出季的总体规划，可以通过长期坚持不懈的演出和各种

戏剧活动来逐步培养市场和观众，树立剧场、剧院和艺术家的品牌形象，营造健康良性的戏剧文化生态。

重图剧场是重庆市话剧院和重庆市图书馆合作打造的儿童专业剧场，依托图书馆庞大的儿童和家长读者群体，让戏剧表演和图书阅读成为孩子们课余文化生活的自然选择。从儿童戏剧的发展趋势看，重图剧场的发展具有潜在的巨大空间，值得剧院大力耕耘和培育。但是需要特别指出的是，要将这些有利条件逐步转化为演出场次的增加和小观众们的习惯性观赏，仍然需要我们扎实有效地做好长期的基础工作，比如，突破传统儿童剧创作的思维定式和演出模式，敏锐把握当代儿童及青少年的心理特征和内心诉求，在演出之余花大力气为老师和孩子们、家长们进行戏剧艺术的普及教育，等等。

重图剧场，重庆市话剧院供图

拾楼小剧场几乎具有都市小剧场所有的特征和优势。剧场就在剧院内，排练演出都很方便，地处解放碑，交通便利，非常契合都市白领对小剧场话剧的认知和想象。可以借鉴上海话剧艺术中心实验剧场和戏剧沙龙、北京人民艺术剧院实验剧场的成功经验，同时在经典剧目制作和剧场运营方面更多地关注北京鼓楼西剧场，借鉴民营剧场的经营之道，将拾楼小剧场打造成重庆市最有品牌影响力、最有文化格调和艺术品质的都市小剧场话剧中心。

抗建堂剧场拥有非常稀缺的文化资源和历史文物价值，是剧院乃至重庆市不可多得的艺术宝藏与亮丽名片。剧院对抗建堂剧场有着一套完备的整体规划：结合文旅融合发展的总体思路，将剧场及其周边逐步打造成“抗战历史戏剧风貌区”，创作与此主题相关的精品力作驻场演出；将剧场和内外环境营造成抗战时期的特有风貌，让观众和游客进入剧场区域有恍若隔世之感，完全沉浸到20世纪三四十年代的时空环境中；让观众通过观赏演出和体验剧场周边的人文环境与配套消费服务，获得完全不同的审美满足和心理感受。此举既可坚持驻场剧目的常态化演出，更可大力传播重庆的抗战历史文化和剧院品牌形象。假以时日，抗建堂完全可能成为重庆市又一处网红旅游“打卡”地，成为促进重庆文旅融合发展、彰显重庆城市文化的窗口与标杆。

拾楼小剧场，重庆市话剧院供图

抗建堂（1），重庆市话剧院供图

抗建堂(2),重庆市话剧院供图

七、大力开展戏剧普及教育,适时进军戏剧培训市场

开展全社会范围的戏剧普及教育,特别是针对儿童及青少年的戏剧教育,不仅是提升儿童及青少年综合素质的重要手段,也奠定了未来戏剧产业化发展的市场基础。现阶段国有戏剧院团的整体运营模式普遍有一个重大的缺失部分,那就是戏剧艺术的教育和普及。在大力发展文化产业的当下,国有戏剧院团不仅要坚持精品工程的打造和商业市场的拓展,还要在艺术教育和普及方面发挥社会主导作用。这是建构科学健康的文化艺术市场的重要举措,也是院团产业化思维的体现。同时,还能充分实现国有文化机构的社会价值,盘活大量闲置的国有艺术资源。

作为国家公共财政支持的国有戏剧院团,进行戏剧艺术的普及推广是其基本的社会责任(这一点也是国有戏剧院团与民营剧团的重大差别);而且,因为掌握和储备了大量优质的人才、设备等艺术资源,国有戏剧院团也有能力充分履行这样的社会责任,而不是让资源闲置。艺术市场的建构需要各种商业经营的措施和手段,同样也要求院团具备长期开展戏剧艺术普及教育的耐心、爱意和智慧，统一这两个方面具有重大的社会文化实践意义。

在戏剧艺术普及教育的基础上，剧院可以适时进军潜在的商业性戏剧培训市场。戏剧的多种功能已经被人们越来越多地开发出来，剧院不仅要着眼于广阔的艺术考试培训市场，也可以尝试将戏剧与社会职业培训、都市人群减压、心灵疗愈等社会需求相结合，为剧院打开市场拓展的新路子，同时也能不断延展戏剧的消费市场和扩大戏剧的受众群体，进而挖掘优质的戏剧艺术资源。

八、积极扶持高校戏剧和青年戏剧，参与打造富有重庆特色的一流戏剧艺术展、艺术节及比赛活动

目前，国有戏剧院团的社会主体定位过于狭窄和单一。从戏剧市场不断发展的趋势和国家对民族文化的高度重视来看，国有戏剧院团面临着自身价值和社会角色的重新定位。

剧院以自身的专业优势和能力大力扶持高校戏剧和青年戏剧，实际上意味着直接从戏剧人才和戏剧观众两个方面为戏剧市场增添无穷的活力，助推戏剧文化的发展。中国近现代话剧的滥觞始自校园戏剧，涌现出李叔同、欧阳予倩、洪深、曹禺等大师级代表人物及一大批优秀校园戏剧作品。而2013年走红全国的话剧《蒋公的面子》则再次表明，大学一直都有着中国戏剧发展壮大的丰厚土壤，高校戏剧、青年戏剧是中国戏剧不可或缺的重要组成部分。如果把剧院的艺术资源和创作演出平台向市内外有才华、有想法的高校戏剧团队和青年戏剧人才开放，将剧院打造成优秀作品的孵化器和优秀人才的培训场，那么，剧院在未来将获得源源不断的艺术成果和价值回报。

另外，通过打造戏剧艺术展、戏剧艺术节及相关比赛，可以增强广大市民对戏剧艺术的认同感和参与度，对外扩大城市的影响力和传播力。加强重庆本地与国内外的戏剧文化交流，举办各种戏剧大师班和工作坊，让重庆本土戏剧专业人士和戏剧观众保持对国际戏剧发展前沿的关注与跟进，这也是一家现代戏剧艺术机构所应具备的职责与情怀。

在这方面，上海话剧艺术中心是我们精准对标的剧院。20多年来，上海话剧艺术中心始终致力于美育和戏剧教育工作，特别注重开展青少年美育工作，连续十几年举办上海市大学生话剧节，连续6年举办上海市中学生话剧节（如今又扩展为上海中小学生戏剧节），常年坚持"七彩戏剧进校园"的中小学课本剧巡演项目以及"监狱计划"、"医院计划"等成人教育戏剧工作，将一个地区的国有戏剧院团逐步提升为具备强有力的营利能力和鲜明的公益机构特征的综合性文化艺术传播教育中心。

在当今的社会环境下，重庆市话剧院面临着转变发展思路及发展模式的内部要求与外

部压力。重庆市话剧院唯有以戏剧人的良知和操守，顺应当代戏剧发展的趋势和潮流，检讨剧团现有的思维模式和运作机制，回归戏剧创作生产的本质，以对时代和公众高度负责的态度，努力前行，才能获取重庆市话剧院在这个时代的自我价值与涅槃重生。

重庆市话剧院的市场探索实践

周昊(上海戏剧学院)

从1949年7月组建而成的中国人民解放军西南服务团文艺大队到如今的重庆市话剧院有限公司，70年的沧海桑田里，重庆市话剧院始终紧跟时代步伐，在山城重庆这片文艺原野上开疆辟土。新中国成立初期，剧院充分挖掘抗战以来的现实主义题材，将红色血脉与人民对新生活的美好憧憬相连接，创排出诸如《红旗歌》《四十年的愿望》《雾重庆》《红岩》《比翼高飞》等现实题材力作。自改革开放开始至世纪之交，剧院延续着现实主义风格，并拿出“摸着石头过河”的勇气，解放思想，大胆尝试，奉献了一批在思想内涵和外部表现形式上均有较大突破的剧目，如复排的名剧《针锋相对》《虎穴英华》《一个美国将军在重庆》《沙洲坪》等。21世纪以来，在国家意识形态、市场经济大潮和话剧艺术自身更新迭代发展等综合因素的影响下，剧院立足于“社会效益与经济效益相统一”的出发点，继续发扬主旋律精神，植根于重庆本土特色文化，创排出《桃花满天红》《河街茶馆》《幸存者》《朝天门》《红岩魂》等一系列叫好又叫座的本土原创佳作。剧院不安于现状，除了编排优秀剧目，促进自身发展外，还成为西南地区文艺作品市场化、大众化的领头羊，特别是在党的十八届三中全会指出“使市场在资源配置中起决定性作用”之后，剧团闻风而动，顺势发展，将市场化的导向摆在了更为突出的位置。经过几年的筹建，重庆市话剧院在原有驻地——抗建堂剧场的基础上，分别于2018年11月和2019年5月先后向公众开放了重图剧场和拾楼小剧场，力求完善戏剧生态，提供社会服务，创造经济效益。

在社会主义主旋律基调上，带有重庆本土特色的原创现实主义作品已成为剧院的主干，主干上生发出的枝叶便是剧院在市场探索实践中的成果反馈。目前来看，重庆市话剧院在“先锋实验话剧”、“儿童话剧”和“都市白领话剧”这三个方向上的探索较为“吸睛”，并逐渐走出了一条具有启示性的院团可持续发展之路。

一、先锋实验话剧

21世纪之初，重庆市话剧院曾排演出许多小品小戏，譬如《儿童不宜》《找感觉》《真情》《退鞋记》《查账》《抓住他》《公务员》《潇洒一回》《原“搭子”拆不得》《称妈》《石头花》《吃现成与白辛苦》《土地卫士》《土地爷》《醋的味道》《黄世仁》《热土颂》《打电话》等。从这些“接地气”的剧名便可直观地看出，这些小品小戏舍弃了主流话剧的厚重主题与宏大叙事，另辟蹊径地从小人物与身边事着手，立意新颖、构思巧妙、简单而又深刻、短小而又精悍，为当时的戏剧舞台注入了一支多元催化剂。然而由于体例和结构的限制，小品小戏显然难以满足正规商业话剧的演出要求，于是一些带有先锋实验色彩的商业话剧作品便应运而生，如《魔椅》(2002年)、《我该怎么办》(2002年)、《一个无政府主义者的意外死亡》(2004年)等。这些剧目对以往的戏剧观念与戏剧语汇进行了颠覆性突破，不论是《魔椅》中那把带有荒诞意味的能揭示人类虚伪的椅子，还是《一个无政府主义者的意外死亡》中直指社会问题的黑色讽刺，都径直撩拨着现代观众敏感而脆弱的神经，从而在精神层面打动了观众，满足了他们日渐挑剔的胃口。

2019年5月，专为小剧场演出打造的黑匣子剧场——拾楼小剧场正式向社会开放，此名称既来源于地处魁星楼十楼的具体方位，也取自“拾级聚足，连步以上”之义，寄寓着“超越自我，不断前进”的创新魄力。该剧场的首演剧目便选择了莎翁名作《麦克白》。《麦克白》中利欲熏心的麦克白与阴暗可怖的麦克白夫人的形象早已深入人心，而导演陈大联对原作进行了大胆解构，将400多年前的经典之作以当代的姿态示人。其戏剧观念可以从有关媒体报道中略窥一二：由陈大联导演，王弋、丁乙、耿涛主演的实验剧场《麦克白》，将麦克白的恶有恶报置于次要地位，更多的是去关注麦克白内心世界的冲突、挣扎、痛苦、绝望和他身首异处之前心灵的早已死亡。以当代观点诠释莎士比亚剧作，透过莎士比亚剧作与当代观众对话，莎剧应该是赤裸的，它是血液与肝胆，它是情感与欲望，它剖开人性并将其灵魂的荣耀与丑恶展露无遗。实验剧场《麦克白》要令人萌生一种错觉，犹如莎士比亚仍活在当代。这无疑是在文艺复兴时期的莎士比亚和当代戏剧观众之间搭建起了一座平等对话的桥梁。重话版《麦克白》撕掉了人物身上的标签，拒绝服务于概念化的形象，并通过“双性同体”的巧妙设计，与观众共同体悟性别社会发展中人类灵魂的扭曲与困顿。《麦克白》的演出收获了一片赞誉之声，这表明先锋实验话剧越来越得到市场的积极反馈。在如今“口碑为王”的时代，观众的高认可度所带来的优良口碑，将引发一连串的联动效应，为剧院带来剧目建设的活力和新的经济增长点。一方面，优质的话剧剧目在培养着高素质的观众群；另一方面，观众审美意趣的提升又刺激着实验话剧的良性更替，从而形成一个健康循环。可以说，重庆市话剧院对实验话剧的有益探索，使得“观演关系”变得亲密起来，观众与剧目相互促进、相辅相成，这为良好话剧生态的构建提供了基石。

《麦克白》剧照，重庆市话剧院供图

《麦克白》演出之后，《比萨斜塔》《燃烧的梵高》《我可怜的马拉特》等剧也在拾楼小剧场亮相。而小剧场本身也将不断突破物理空间的壁垒，通过对拾楼话剧艺术体验空间的打造，搭建起一个交流、合作、共建的专业话剧艺术体验平台，从而汇集全社会话剧艺术爱好者的力量，共同为重庆话剧事业发展做出贡献。

二、儿童话剧

虽然儿童话剧的服务对象主要是青少年儿童，其普适性与影响力相对而言均稍弱于成人戏剧，但不难发现，儿童话剧同样蕴含着巨大的能量与价值。抗战时期，被茅盾先生誉为“抗日战争血泊中产生的一朵奇花”的孩子剧团，就曾把儿童剧作为斗争武器，为抗战事业做出了杰出贡献。据记载，1939 年 1 月至 1942 年 9 月期间，“孩子剧团”在重庆共演出 300 余场次，其中包括陈模创作并率领演出的《帮助咱们的游击队》《火线上》《捉汉奸》《流浪儿》《放下你的鞭子》《孩子血》，石凌鹤创编并指导演出的《乐园进行曲》、《秃秃大王》（又名《猴儿大王》），许幸之创作的儿童独幕剧《仁丹胡子》《最后一课》等。这些儿童剧目作为抗战时期重庆公演话剧的重要组成部分，在战火中肩负起了时代的使命。

2005年9月，重庆市话剧团创立了重庆儿童艺术剧团，这也是当时重庆唯一的专业儿童戏剧演出、教育机构。重庆儿童艺术剧团建团以来，坚持“为儿童素质教育服务”的价值导向，相继创作和演出了《兔子和枪》《白雪公主》《三只小猪》《小萝卜头》《灰姑娘与水晶鞋》《新龟兔赛跑》《老虎拔牙》等多部深受家长和孩子们喜爱的儿童剧作品，并获得多项国家级艺术奖励。与此同时，重庆儿童艺术剧团还不断拓展产业维度，开发出课本剧、互动体验课堂等全新的戏剧教育形态，将剧场教育与儿童的语言、逻辑、肢体、音乐、视觉、人际关系等多元智慧的训练结合起来，成为西部地区儿童戏剧舞台上最具创新活力和进取精神的新生力量。

2018年12月，重庆市话剧院与重庆市图书馆携手打造的“重图剧场”正式对外营业。这标志着重庆的首个本土专业儿童剧场建立起来。剧场内设置了约500个座席，拥有大型LED背景舞台、专业的光控设备系统、环绕立体声、高峰值功率音箱等，使小朋友们拥有了观看话剧的专属场地。而重图剧场的建立也为重庆儿童艺术剧团带来了新的发展机遇。

《兔子和枪》剧照，重庆市话剧院供图

《灰姑娘与水晶鞋》剧照，重庆市话剧院供图

近年来，重庆儿童艺术剧团凭借着“戏剧走进校园”的东风呈现出多元发展的态势，紧紧把握儿童剧市场的需求，形成了以童话剧、课本剧为主的小型儿童剧与以《小萝卜头》为代表的大型儿童剧双向发展的特点。首先，这些童话剧取材于国内外的童话故事等素材，有着百变的创意、鲜明的个性和精美的制作，让孩子们在“戏剧游戏”中收获了成长的喜悦。比如，新推出的肢体童话剧《老虎拔牙》便运用了少许旁白和大量的肢体表演，将小朋友们引入大森林的情境中，并在剧情的推动下，引导着小朋友们与角色一起围绕着“如何解决大老虎伤人”这一问题展开思考。在这个过程中，小观众们收获了智慧，并期待着下一次演出的到来。久而久之，“观演黏性”也在潜移默化中得到了增强。其次，课本剧是贯彻“寓教于乐”思想的“灵丹妙药”。《狐狸与乌鸦》《美丽的公鸡》《丑小鸭》《守株待兔》《曹冲称象》《司马光砸缸》《孔子之两小儿辩日》《张良拜师》《王二小》等系列课本剧的推出，将戏剧舞台转变为活力课堂。在剧场里，课本上的文字形象变得愈发鲜活，生活哲理也不再是冷冰冰的语言说教，而是蕴藏在戏剧表演中的盎然趣味。最后，以《小萝卜头》为代表的大型儿童剧对孩子们产生的冲击和震撼也不容小觑。舞台上的“小萝卜头”宋振中与万千孩子一样渴望自由、天真烂漫，但最终为革命而牺牲。这样一个有血有肉且心怀大志的孩子成为同龄孩子们心中的“精神领袖”，他的故事时刻提醒着孩子们应鄙弃黑暗，崇尚光明。正如重庆市话剧院艺术总

监郝鹏寿所说，“文艺工作者要选用优秀少儿剧加强对少年儿童进行思想道德教育、美育、素质教育，要以生动、真实的艺术形象让我们的青少年儿童能够不忘过去、珍惜今天、建设未来”。重庆市话剧院儿童艺术剧团的工作者们会继续坚持正确的价值取向，不懈探析儿童群体的审美需求，打造出广大家长和孩子所喜闻乐见的山城儿童剧品牌。

《小萝卜头》剧照，重庆市话剧院供图

《张良拜师》剧照，重庆市话剧院供图

三、都市白领话剧

重庆作为中国最年轻的直辖市、长江上游经济中心和城乡统筹发展的试验区，在持续高速发展的经济社会中占据着天时地利人和。重庆城市化进程的不断加深，使“白领”群体进一步扩大。“白领”群体一般素养较高，且有着较强的消费力，愿意投资文化艺术产品。加之都市生活的压力较大，白领急需一扇宣泄情感的窗口，由此便催生了都市白领话剧。都市白领话剧面向的目标群体是都市白领，主要以白领青年的情感遭遇、家庭波澜、职场风云、人生体验为题材，因此极易引发白领们的共鸣与追捧。自2009年起，重庆市话剧团便开始与有着“话剧界冯小刚”之称的人气导演李伯男进行深度合作，先后推出了《轻度深爱》《隐婚男女》《剩女郎》等都市话剧。随着合作进一步深化，2015年10月，“李伯男重庆戏剧工作室”正式挂牌启动。这是重庆市话剧院历史上第一个对外联建的主创工作室，旨在汇聚京、沪、渝三地的青年主创精英，以跨年度的周期规划和剧目定制的方式，为重庆市话剧院量身打造融合重庆本土风情的都市原创话剧剧目。市场与口碑双丰收的“重庆都市三部曲”——《闺蜜有毒》《同房不同床》《大肠包小肠》就是该工作室的成果。

《闺蜜有毒》通过几个当代年轻人的感情纠葛，深刻剖析了友情的复杂性与多面性，唤起人们对纯粹质朴感情的珍视，引发人们对当下都市生活价值的思考，呼吁人与人之间真情的回归。《同房不同床》描绘了一幅有关“中年危机”的动态图，通过一户“小家”里的爱恨纠缠，表达了中国式婚姻里的隐忍与坚持。《大肠包小肠》则讲述了一个生活在重组家庭里的固执少女练就了一身“刀枪不入”的外壳，热情勇敢、执着乐观地面对生活的绊脚石，最终鼓足勇气原谅了怨恨多年的生父的故事。在这个过程中，她学会了如何去爱，也找到了“家的味道”。这三部作品从表面上看似乎毫无关联，但实则将都市人最为珍视的“友情”“爱情”“亲情”一网打尽，试图去触摸都市人心中最柔软的部分。最终市场给出了答案，“重庆都市三部曲”成功了——在国泰艺术中心的首轮演出中，“三部曲”共有四千余观众观看，票房共计六万余元。“三部曲”的成功之道在于其直截了当地剖析了都市人的生存现状，不留情面地将敏感问题和盘托出。而通过观剧，观众对话剧所反映的问题有了新的认知，也有了重新审视自己生活的勇气。这便是都市白领话剧的现实意义，也是其能够快速崛起的根本原因。

《闺蜜有毒》剧照，重庆市话剧院供图

除了上述三类剧目的开发，重庆市话剧院还在不断拓展业务范围，促进产业模式的转型。为了让话剧真正走进白领们的生活，话剧院依托互联网，开辟了“重庆抗战戏剧博物馆”和“重庆市话剧院”微信公众号等新媒体平台，并开通了多种多样的购票渠道，不仅方便了广大消费群体，而且促进了戏剧传播的深度与广度。此外，话剧院还组建了会员俱乐部，以会员制为基础，为剧迷提供最丰富的话剧信息资源、最周到的话剧营销服务和最开放的话剧分享平台，使“进剧场”成为都市人的日常生活方式，让“看话剧”成为都市人的主流娱乐活动。

在快速发展的社会主义市场经济大环境下，转企改制后的重庆市话剧院立足于本院团的优势和特色，逐步明确市场定位，走出了“先锋实验话剧”、“儿童话剧”和“都市白领话剧”三剧并举的市场化探索道路。同时，重庆市话剧院充分发挥国有院团的带头作用，稳住脚跟，在泥沙俱下的商品经济中固化责任意识与使命感，为社会提供优质的艺术养分与公共服务，真正做到了将社会效益与经济效益相统一。

从《阿Q正传》看鲁迅对传统文化中糟粕的批判

赖晓玥
（西南师范大学出版社）

【摘要】阿Q无疑是一个愚昧落后的小人物，而他生活的地方——未庄，本质上是封建社会的缩影。作为鲁迅先生笔下的一个人物典型，阿Q身上的某些精神弱点必然也会反映在未庄人身上。通过对阿Q及其他未庄人身上所体现的传统文化糟粕的揭示，可以进一步加深对当时整个社会风貌的认识。

【关键词】阿Q；传统文化；陋习

我国五千年的灿烂文化在世界上绽放着夺目的光彩，然而中华传统文化中，也有一些糟粕存在。鲁迅先生无疑是勇敢的，他敢于正视民族的缺陷，以文学这柄解剖刀把旧中国国民的精神痼疾真实地展示在众人眼前，使人们无法再逃避。他以一种批判的眼光，对传统文化中的陋习进行无情的嘲弄和抨击。他的名篇《阿Q正传》就是这样一部作品。可以说，为阿Q立传，也正是为未庄人、为整个旧中国国民立传。这部小说通过阿Q身上所发生的种种可笑可鄙的事件，对阿Q及其周围人的精神陋习进行了尖锐的批判。总体说来，除了阿Q身上所体现的著名的“精神胜利法”之外，这部小说所批判的文化糟粕，比较明显的还有以下几点。

一、贵贱分明的阶层观念

从奴隶社会开始，社会便有了等级之分，中国从奴隶社会到封建社会，历经几千年，等级观念早已深深渗入每个人的骨血。晚清社会“大致可以划分为三个层次，即特权等级、庶民等级和贱民等级”①，即使在相对淳朴的乡村也不例外。未庄无疑是一座阶层分明的金字塔，活在其中的每个人都在心中为自己定好了位置。阿Q没有姓氏籍贯，没有固定职业，也没有

①史革新.中国社会通史：晚清卷[M].太原：山西教育出版社，1996：306.

家，如果把未庄划分为地主、平民和雇农三个阶层的话，那么阿Q无疑处在金字塔的最底端。在他的眼中，未庄人分为三等：地位最高的人自然是赵太爷、钱太爷及其家人。赵太爷、钱太爷既有钱，又是“文童的爹爹”，因此受人尊敬。为了提高自身的地位，阿Q从最低等人中跳出来，甚至到处说自己姓赵，跟赵太爷是本家。未庄的普通居民，也就是平时欺负嘲笑他的人，是阿Q眼中的中层人物，他对那些人敬而远之，受了打也只忍气吞声或转而拿小尼姑、小D、王胡这几位他眼中的低等人撒气。未庄人的身份定位与阿Q的判断基本相同，“未庄的实际统治者赵太爷的地位和权威在村里是绝对的，未庄人把他推崇到‘赵太爷是不会错的’这样的绝对程度，把他的言行一切作为一成不变的真理”①。阿Q被赵太爷打了嘴巴之后，“果然大家也仿佛格外尊敬他”。因为根据未庄的通例，“倘如阿七打阿八，或者李四打张三，向来本不算一件事，必须与一位名人如赵太爷者相关，这才载上他们的口碑。一上口碑，则打的既有名，被打的也就托庇有了名”。阿Q调戏了赵家的佣人吴妈，便遭到了整个未庄无形的放逐：女人们躲着他，酒店不再肯赊欠，管土谷祠的老头催他走，甚至再也没有人叫他做短工……可以说，这是赵太爷权力意志的一次具体展现。未庄的闲人们属于平民阶层，他们敬畏赵太爷、钱太爷这些有钱有势的“一等人”，欺侮阿Q这样的“三等人”，一见面，便照例给阿Q碰五六个响头，“这才心满意足的得胜的走了”。闲人们通过对阿Q癞痢头的取笑与“碰头”来不断确证自己“高人一等”的身份位置，进而得到精神上的满足。阿Q虽然处在底层，然而他的心里却有一个明确的地位排序：小D的地位比自己低，那是无疑的；王胡虽然属于平民，但是因为他的络腮胡子是自己看不上眼的，所以地位只能在自己之下、小D之上。至于小尼姑，阿Q更是见一回便骂一回。阿Q把与他同阶层的人细分出三六九等来，并且自认为自己是此中地位最高的，由此得到了精神上的极大满足。

二、男尊女卑和传宗接代

“不孝有三，无后为大”是中国传统文化观念的又一典型。这里所说的“无后”专指“无男嗣”，只生有女儿的话仍旧属于“无子嗣”。这种文化观念本身就包含了男尊女卑的成分。《诗经·斯干》有云：“乃生男子，载寝之床，载衣之裳，载弄之璋……乃生女子，载寝之地，载衣之裼，载弄之瓦。”意即：生个儿子，便让他睡在床上，给他穿上好衣裳，拿玉璋给他玩；生个女儿，便让她睡在地上，用一条小被包着，让她玩弄纺锤。“弄璋”“弄瓦”分别是生男生女的代称，璋是宝贵的玉器，而瓦则是纺织的工具，只此一点便可看出男女地位的差距。在封建社会，女性社会地位低下，依附于男性生存。她们受教育的权利被剥夺，在文化上处于蒙昧状

①奉仁英.《阿Q正传》与中国传统文化——意识的前现代性批判[J].鲁迅研究月刊，1996(10):40.

态，“女子无才便是德”成为至理名言，使女性围绕家庭和男性的需要形成传统的气质与品格。“未嫁从父，出嫁从夫，夫死从子”是旧时代女性一生命运的高度总结。

这在未庄亦可见端倪，如：已婚女性只能以丈夫的姓氏为名称，譬如钱太太、邹七嫂、吴妈；赵太爷要买个小妾，赵太太不敢哭不敢闹，唯一的反抗方式是不吃饭；等等。

在父权时代，传宗接代的观念在民众心中根深蒂固。阿Q拧了小尼姑的脸蛋后，“他觉得自己的大拇指和第二指有点古怪：仿佛比平常滑腻些”，这其中隐喻了阿Q性的觉醒，但是真正让阿Q下定决心找个女人的，其实还是“传宗接代”的传统观念。一个男人娶妻后如果无所出，对于其男性尊严的打击是非常大的，这通常暗示了他的“无能”“不中用”。而阿Q是一个将近而立之年的光棍汉，小尼姑一句“断子绝孙的阿Q”无疑像根刺一样扎进了他的心里，正如文中所描写的：“‘断子绝孙的阿Q！’阿Q的耳朵里又听到这句话。他想：不错，应该有一个女人，断子绝孙便没有人供一碗饭，……应该有一个女人。夫‘不孝有三无后为大’，而‘若敖之鬼馁而’，也是一件人生的大哀。”至此之后，阿Q便开始留意起了“女人”。但是阿Q对于女人的看法仍然是极度矛盾的：一方面，无论是在生理上还是心理上他都迫切地渴望女人；另一方面，传统的男权社会对女性的看法，又使他骨子里轻贱女人，认为女人是亡国的祸水，是“害人的东西”。可以说，“女人”在阿Q的心里只是相当于一件物品，是用来传宗接代的工具而已。所以他在向吴妈求欢的时候，才会赤裸裸地说出“我和你困觉”这样的话来。

三、男女大防，排斥异端

“男女大防”的意思有点类似于“男女授受不亲”。这一观念的提出，在本质上可以看作男权社会对女性贞操的控制。私有制使女性成为男性的重要财产之一，偶婚制使权利财产以父系血缘为继承标准，为了确保所生的子嗣是自己的，男性强迫女性保持忠贞，作为保证女子贞洁的途径和方法之一，“严守男女之大防”无疑从源头上杜绝了女性接触其他男子的可能性。而女性自身对从一而终的贞操观念也采取自觉认同的态度，这从她们普遍存在的失贞恐惧中可以看出。面对阿Q“我和你困觉”的赤裸裸的告白，“吴妈楞了一息，突然发抖，大叫着往外跑，且跑且嚷，似乎后来带哭了”。虽然并没有发生什么，但是吴妈仍旧觉得自己被侵犯了，没脸见人，躲在下人房里不敢出来。吴妈作为一个寡妇，生活在礼法森严的未庄，她必须为死去的丈夫保守贞洁，时刻注意自己的行为，稍有不慎便会被流言蜚语吞没，她极度恐惧别人误会自己“不正经，不守妇道”，这或许也源于女性的集体无意识。在传统社会，男性对于女性的不贞行为常常采用暴力来惩罚和镇压，比如沉塘、浸猪笼、吊死、阉割等，即使女性是被迫失贞也不例外，由此造成女性对失贞的极端惧怕心理。

在一夫多妻制的社会里，男性并无贞洁一说。社会对男性通奸也普遍抱着较为宽容的态度，所以"男女大防"这一观念对男性并不具备绝对的约束力。阿Q虽然也曾在戏台下的人丛中拧过女人的大腿，但在被小尼姑害得飘飘然之前，他认为自己"本来也是正人……对于'男女之大防'却历来非常严……他的学说是：凡尼姑，一定与和尚私通；一个女人在外面走，一定想引诱野男人；一男一女在那里讲话，一定要有勾当了"。阿Q自认为是"君子"，对以上三种情况深恶痛绝，"为惩治他们起见，所以他往往怒目而视，或者大声说几句'诛心'话，或者在冷僻处，便从后面掷一块小石头"。

对女人的渴望和传宗接代的念头促使阿Q决心不再做"君子"。他为自己的不守礼法找到了充分的理由。女人都是可恶的东西，阿Q认为自己会飘飘然，全是因为小尼姑的脸太滑腻，是她勾引了自己。随后，"他对于以为'一定想引诱野男人'的女人，时常留心看，然而伊并不对他笑。他对于和他讲话的女人，也时常留心听，然而伊又并不提起关于什么勾当的话来"。

古代儒家称其他学说学派为"异端"，"异端"一词后来又逐渐变为那些以正统自居的人或组织对异己的学说、观点或教义的称谓。这个称谓带有贬义色彩，体现了强烈的排他性和狭隘的文化心理。未庄是封闭的、落后的，"未庄跟城里相比，既是没有吸收任何西方文化的地方，又是在自己空间自给自足的超稳定结构"①，把外来事物视为异端进而仇视也就不足为奇了。钱太爷的大儿子留洋后剪了辮子回来，"他的母亲大哭了十几场，他的老婆跳了三回井"，阿Q更是称其为"假洋鬼子"，骂其为"秃儿""驴"。阿Q视很多东西为异端，只要是他看不惯的他就毫不犹豫地排斥，无论是王胡的络腮胡子，还是城里人将长凳称为条凳、煎鱼用葱丝，阿Q通通采取拒绝的态度。

四、看客心理

人与人之间的关系有很多种，其中看与被看是最常见的一种关系。而无意义的瞎看热闹既是由于生活的空虚无聊，也出于埋藏在内心深处的集体无意识心理。未庄多闲人，他们茶余饭后、无事可做之时，便爱看热闹。在未庄，阿Q算是被别人看热闹最多的人了。他调戏小尼姑，酒店的人大笑了两回外加一回九分得意的笑；和小D的一场"龙虎斗"也足足给闲人们提供了半小时的看点；更有一回，"脱下衣服的时候，他听得外面很热闹，阿Q生平本来最爱看热闹，便即寻声走出去了"，本来以为有热闹可看，却没料到这个热闹竟与自己调戏吴妈有关系。可以说，转眼之间，阿Q的身份便发生了颠覆性的转变，由初时的看客转

①奉仁英.《阿Q正传》与中国传统文化——意识的前现代性批判[J].鲁迅研究月刊，1996(10)：40.

变成为被看者。人生真的就像一场戏，阿Q最后一次被观看是在其被砍头前游街示众的时候，在被蚂蚁似的看客们围观之时，“阿Q忽然很羞愧自己没志气：竟没有唱几句戏”。阿Q此时已自觉地入戏，他把自己定义为表演者，而下面密密麻麻的看客是其观众，为博得“鉴赏家们”的喝彩，他无师自通地说出“过了二十年又是一个……”。果然，人丛中爆发出豺狼嗥叫一般的叫好声。这一幕与阿Q看革命党人被杀头时候的情景是多么相似!他曾经也是那众多豺狼中的一员，为别人的死而欢欣鼓舞。然而，阿Q在临死前终于发现，那些看客们的眼睛是多么可怕：“又钝又锋利，不但已经咀嚼了他的话，并且还要咀嚼他皮肉以外的东西……咬他的灵魂。”

结语

鲁迅的《阿Q正传》触及了很多传统文化的糟粕，以上只是笔者管中窥豹，从中所得之一“斑”。作为一部经典，《阿Q正传》自然是常读常新的，这也正是这部小说的魅力所在。

参考文献：

[1]史革新.中国社会通史：晚清卷[M].太原：山西教育出版社，1996.

[2]奉仁英.《阿Q正传》与中国传统文化——意识的前现代性批判[J].鲁迅研究月刊，1996(10)：39-47.

[3]周振甫.诗经译注[M].2版.北京：中华书局，2010.

[4]刘玉霞.中国当代言情小说女性原型研究[M].北京：中国社会科学出版社，2011.

[5]鲁迅.鲁迅全集：第1卷：坟 热风 呐喊[M].北京：人民文学出版社，2005.

巫文化影响下的巫山神女形象的流变与解构

——以唐宋时期巫山诗为中心

唐佩璇

（西南大学）

【摘要】中国古代社会早期，受到巫文化影响的巫山神女形象呈现出与后世描绘迥然不同的特征。随着儒家思想在中国古代社会逐渐占据主导地位，巫山神女在中国神话与宗教体系中的地位逐渐下降，其形象在巫山诗中的原始宗教意味和巫术神秘色彩也随之减弱。巫山神女经历了不同的历史语境和文化语境下的形象流变和解构，将这一文学意象系统化、学理化，有利于充实和完善重庆历史文化的话语系统，巩固其在中国乡土地域文化史上的地位。

【关键词】巫山诗；巫山神女；巫文化

引言

在人类社会发展的早期，处于智识蒙昧状态的先民对自然界中多端变化的认知不足，风起云涌、电闪雷鸣、阴雨连绵等万千气象被视作上天神灵对种种凡间行为的反应和态度。面对这些无法解释的现象，人心对未知神秘力量生来就有的敬畏和恐惧衍生出了以占卜、祭祀、祈愿、祝祷为主要内容的巫术文化。古代先民试图通过与超自然力量进行心灵联结，以对现实产生影响。这样的原始自然崇拜心理在文学作品中也得到了映现，尤其是在巫文化盛行的巴楚之地。

相传巫山神女名瑶姬，是南方天帝赤帝之女，未嫁而卒，葬于巫山之阳。楚怀王游高唐，昼寝，梦里，与自称“巫山之女”的神相遇。巫山神女的形象最早见于《山海经·中山经》：“又东二百里，曰姑瑶之山。帝女死焉，其名曰女尸，化为䔄草，其叶胥成，其华黄，其实如菟丘，服之媚于人。”其后在《水经注》里也有明确的记载：“丹山西即巫山者也，又帝女居焉。宋玉所谓天帝之季女，名曰瑶姬，未行而亡，封于巫山之阳。精魂为草，实为灵芝。所谓巫山之女，高唐之阻……”同时，作为沟通上天和人间的媒介，在民间集体无意识的共同作用下，神女又被反复塑造，历代文人赋予了她妩媚多情、摇曳生姿、热烈奔放的人格魅力特征。宋玉的作品《高唐赋》和《神女赋》为后世源源不断的巫山诗的文学创作提供了经久不衰的母题灵感和抒情材料。随着儒家思想在中国古代社会逐渐占据主导地位，巫山神女在中国神话与宗教体系中的地位逐渐下降，对其祭祀的行为和活动越来越少，人们对其的重视程度也越来越低，两赋之后，其文学形象中的原始宗教意味和巫术神秘色彩也随之减弱。唐代巫山诗中的瑶姬由不食人间烟火的“神女”堕为与世俗女性并无二致的“凡女”，甚至和道教女性身份相结合。在理学精神统率下的宋代，诗歌作品中对巫山神女形象的阐释则完全趋向于世俗化、道德化和历史化。这一过程中，其宗教性、神圣性、超现实性、文学审美性被逐渐消解，转而为儒学教化需要、政治合理性阐释服务。

本文将从唐前巫山神女形象的建构、唐代巫山神女形象的“新变”、宋代巫山神女形象的解构三个方面进行论述，阐释中国古代巫山神女在不同的历史语境和文化语境下的形象流变和解构。更重要的是，巫山神女意象这一非物质文化遗产是重庆本土文化独具一格、不可复制的文化名片，将其与重庆历史文化息息相关的语言和文学现象系统化、学理化，有利于充实和完善重庆历史文化的话语系统，“焊接”古今文化链条，巩固其在中国乡土地域文化史上的地位。

一、唐前巫山神女形象的建构

此前论述中提到，关于巫山神女瑶姬的民间传说由来已久，其确切的书面记载的文学形象首次出现，是在战国末期辞赋家宋玉作为文学侍臣进献给楚顷襄王的《高唐赋》《神女赋》中。《高唐赋》记载：

> 昔者楚襄王与宋玉游于云梦之台，望高唐之观。其上独有云气，崪兮直上，忽兮改容，须臾之间，变化无穷。王问玉曰：“此何气也？”玉对曰：“所谓朝云者也。”王曰：“何谓朝云？”玉曰：“昔者先王尝游高唐，怠而昼寝，梦见一妇人曰：‘妾巫山之女也。为高唐之客。闻君游高唐，愿荐枕席。’王因幸之。去而辞曰：‘妾在巫山之阳，高丘之阻，旦为朝云，暮为行雨。朝朝暮暮，阳台之下。’旦朝视之，如言。故为立庙，号曰‘朝云’。”王曰：“朝云始出，状若何也？”玉对曰：“其始出也，晰兮若松榯；其少进也，晢兮若姣姬，扬袂鄣日，而望所思。忽兮改容，偈兮若驾驷马，建羽旗。湫兮如风，凄兮如雨。风止雨霁，云

无处所。”王曰:“寡人方今可以游乎?”玉曰:“可。”王曰:“其何如矣?”玉曰:“高矣显矣,临望远矣!广矣普矣,万物祖矣!上属于天,下见于渊,珍怪奇伟,不可称论。”王曰:“试为寡人赋之。”玉曰:“唯唯。”[①]

楚人尚巫,相对于中原地区来说,巴楚之地对巫术祭祀的热衷程度更深。闻一多先生在《高唐神女传说之分析》一文中也论述到巴楚信奉高媒神,认为巫祭活动是生殖崇拜动机使然,而后作为文化基因中的遗留元素继续在宋玉的两赋中得到隐现。“这些事实可以证明高禖这祀典,确乎是十足的代表着那以生殖机能为宗教的原始时代的一种礼俗。文明的进步把羞耻心培植出来了,虔诚一变而为淫欲,惊畏一变而为玩狎,于是那以先妣而兼高禖的高唐,在宋玉的赋中,便不能不堕落成一个奔女了。”[②]早期社会人类的理性思维尚未成熟,对世界的感性认识在长期的经验积累中凝结成宗教信仰,随着时间的推移,这种具有形而上特点的认知虽然在现实中被逐渐抛弃,但在文学作品里依然有其存在的一席之地。宋玉两赋以楚国先王和神女的交合传说作为引子,极尽文字之能事,塑造了耀若白日、皎若明月的神女这一文学经典的艳情形象,暗含楚人原始的生殖崇拜心理。与此同时,凸显出和神女身份相对应的楚王身份,为其所在大地万物繁衍生生不息的延续性与其统治地位的合法性提供精神支撑和神话依据。弗雷泽认为交感巫术是巫术的本质,他在《金枝》中所言,在古代社会里,国王总是负有使天降雨水、大地丰产的职责。原始民族仍然有意识地采用两性交媾的手段来确保大地丰产。《高唐赋》和《神女赋》便是这种交感巫术思想的体现。

其后延续千年的《巫山高》的乐府同题作品,从汉代的“铙歌”十八首之一的无名氏《巫山高》而来,历经六朝、隋、唐、宋、元、明、清各代。六朝关于巫山主题的诗歌,其内容主要集中在对巫山自然地理环境的描写上,而较少有对巫山神女形象的直接描绘,即使有所涉及也只是借用文学典故增添作品的典雅性或用于抒发作者自身的情感。如王融、萧绎、刘绘、陈叔宝等所作的《巫山高》同题诗歌,对“高唐”“阳台”“云雨”等传统意象进行铺陈,都力在展示巫山朝云暮雨、天气变化极快的特点,渲染山高水急、猿啼啸哀、林暗涧空的氛围,诗歌中的巫山神女则仍是朦胧不清、神秘莫测的模样。

二、唐代巫山神女形象的“新变”

经历了六朝战争频仍、动荡不安的混乱格局之后,巫术文化渐渐从现世视野中退场。由于李唐王朝奉行道教为国教,称老子李聃为其祖先,儒道两家思想同时渗入了文人创作的作

---

① 萧统.文选[M].李善,注.北京:中华书局,1977:264-265.

② 闻一多.高唐神女传说之分析[J].清华学报,1935(4):865.

品中。唐代是中国诗歌发展的高峰期，出现了大量涉及巫山神女的诗。这些诗不复六朝巫山诗中对神女形象笼统模糊的描绘，在描写巫山神女时从不同的角度出发，既丰富了巫山神女的形象及其传说，又使描写巫山神女传说时所常用的意象得到了很大发展。

唐代巫山诗大致可分为两类。一类是作者亲历现场，游历于巴山楚水，巫山、巫峡萧瑟凄厉、阴寒冷寂的自然环境引发诗人对于古老神女传说的遥远回想，诗人遂对其进行仿若约定般的共同致敬书写和臆想描绘，其承继的仍然是宋玉两赋形成以来的文学母题，种种经典意象跨越时间长河在诗人脑中浮现。如沈佺期、张九龄等拟乐府旧题所作的《巫山高》，其中的一些用词不脱《高唐赋》《神女赋》中的意象。正如薛爱华所认为的："如果我们调查全部唐代巫山诗中大批标准意象，将语调不同与态度差异忽略不计，它们似乎都很单调：不断地重述被雨打湿的山腰、翻卷的烟雾、低密而蔽目的积云、啼叫的山猿，以及凄厉的寒风。但是，我们当然也不能将巫山诗中的每一片云和每一滴雨，都当成与其他一百篇诗中出现的云雨完全一样。"[①]大部分诗人致力于在旧有的典故中寻找巫山神女的倩影，其诗中营造出云雾缭绕、缥缈朦胧的巫山风光。在这些循规蹈矩的诗歌中，也不乏某些新颖奇特、富有原创性的作品，孟郊的《巫山高》便是其中之一。他将背景设置在了巫山十二峰，想象楚王狩猎时恰逢黄昏时分微雨，夜来幽梦同神女相会。"轻红流烟湿艳姿，行云飞去明星稀。"淡淡薄雾沾湿了她艳丽的身姿，飘忽一瞬间她又消失不见，踪迹难觅。"目极魂断望不见，猿啼三声泪沾衣。"望眼欲穿不得结果，此时猿啼声凄清哀绝更是唤起无限悲凉，使人追忆至《水经注》所记："每至晴初霜旦，林寒涧肃，常有高猿长啸，属引凄异。空谷传响，哀转久绝。故渔者歌曰：'巴东三峡巫峡长，猿鸣三声泪沾裳。'"薛爱华在《神女：唐代文学中的龙女与雨女》中也对孟郊此首诗歌表达了赞赏："猿啼渐渐消隐，萧萧的雨遮蔽了一切，也遮蔽了一个孤独的鬼魂……但是，它比大多数表现经过长久离别与失望之后终于得偿所愿这一共同主题的精细描写，显得更有戏剧性。"[②]

另一类是写作场域并不在巫山，而主要是通过幻想和隐喻使得巫山神女的形象出现在诗歌中。李白的《清平调》将杨玉环的美貌描绘得淋漓尽致，把一切轻灵曼妙的意象赋予她："云想衣裳花想容，春风拂槛露华浓。若非群玉山头见，会向瑶台月下逢。""一枝红艳露凝香，云雨巫山枉断肠。"[③]当自然万物都无法比拟时，原始的巫术色彩便再次崭露头角。"群玉山"和"瑶台"本是神话传说中西王母的住所，而"云雨巫山"是神女的象征，李白将杨贵妃同西王母、巫山神女对举，与其说是为了抬高杨之地位，不如说是在自己内心将巫山神女从至高至尊之位除名。此时的巫山神女在世人眼中已堕入凡间，楚王为其伤心断肠无非枉然罢

① 薛爱华.神女：唐代文学中的龙女与雨女[M].程章灿，译.北京：生活·读书·新知三联书店，2014：110.
② 同上书，116页。
③ 李白.李白集校注[M].2版.瞿蜕园，朱金城，校注.上海：上海古籍出版社，2018：467，470.

了，以此反观杨贵妃之风采神韵无神能及。然而，在初唐著名宫廷画家阎立本撰写的一篇作品里，“神女已经被改造成一位仙骨轻盈、体态窈窕、可以像鸟一样飞翔的人。毫无疑问，她洞悉抱朴子们的炼金秘术。古老的丰饶神祇转而被一位秀美轻盈的仙女所取代，这仙女虽然远离君王，但却也并不排斥与其相伴。”①阎立本在《巫山高》中将巫山神女塑造成除了“不再拥有真实面貌的尘世女”以外的道教女仙，这与当时信奉道教的民俗风气密不可分。

中晚唐时期，受到安史之乱的巨大震荡冲击后，人们对世间万物产生了怀疑和迷惑，不仅耽溺于怪异故事，而且迷恋神秘的事物。诗人们沉迷于铺陈山林间的阴晦潮湿和猿猱们鬼怪似的啼鸣，而关于巫山神庙题材的作品则极少描写具体神像以及乡间百姓对神女的祭祀活动行为，却只烘托神灵的诡秘气氛。“九世纪人常常把妓女、歌女、情人以及宫廷丽人，装扮成那些曾经广受喜爱、而今却已被上层宗教忽视的神女。”②这些妓女、歌女、情人、宫廷丽人与神女在某种层面是暗含相似性的：楚王和巫山神女的相会本就是秘而行之，并不是经过了正当的途径和程序；美丽妖娆、妩媚多姿、热烈直接的特征使得神女与中国古代传统社会的正妻身份相背离；对于文人而言，巫山神女如同梦寐以求的完美情人一般，而恰好这是除了妻子以外的满足自身欢愉感的女性所具备的；更重要的一点是，妓女、歌女等女性的身份卑微、社会地位低下，与之对应的巫山神女同样被上层宗教忽视。“这也是遇合对象从君王转移到诗人个人的必然结果，也是由此出发，神女世俗化，被比作诗人心爱的女人也就顺理成章。这一世俗化进程在大规模用典与模式化书写中成为无法回避的趋势，因此在唐传奇文本中神女与人间男子结合，甚至以卑微的形象出现。”③

除以上所述之外，面对当时热衷于将巫山神女世俗化的主流，李贺巫山诗中的反叛精神是特殊的存在。一向以“鬼才”著称于世的李贺幻想中的神鬼世界独立而完整，诗歌诗风以空灵诡谲、色彩浓艳见长，语言悲冷凄苦、凝练峭拔，轻而易举地营造出奇异幽深、变幻缤纷的氛围。当几乎所有同时代的诗人都致力于将巫山神女拉下神坛，借用她柔软的身姿、多情的魅力纾解对心爱女子的满腹情结，李贺却一反常态，与主流相悖而行。李贺对于《楚辞》的喜爱，六朝早期吴歌对他的影响，他本身对超自然神灵世界的痴迷，让他的巫山神女作品呈现出反潮流的趋势和神秘主义色彩。与此同时，也是这些作品再度赋予了古代神女新的生命力。李贺写下《巫山高》时，已经是在其生命的最后岁月，那时的他对神灵世界之痴迷达到了极致。薛爱华在《神女:唐代文学中的龙女与雨女》中论述：“不过，一方面是借用古典主题作为适当、可靠的模板，或者，抓住那些早已光彩夺目的形象，通过转换，为作者再次赋予其意义服务；另一方面则是作者利用其个人十分珍爱的某一形象，进行彻底改造，使之仿佛第

① 薛爱华.神女:唐代文学中的龙女与雨女[M].程章灿，译.北京:生活·读书·新知三联书店，2014:122.
② 薛爱华.神女:唐代文学中的龙女与雨女[M].程章灿，译.北京:生活·读书·新知三联书店，2014:164.
③ 赵成杰.薛爱华《神女:唐代文学中的龙女与雨女》读后[J].国际汉学，2019(2):192.

一次开花结果一般，这两者之间是有很大区别的。”[①]李贺的《巫山高》正是如开花结果一般给人带来耳目一新的感受：

碧丛丛，高插天，大江翻澜神曳烟。
楚魂寻梦风飔然，晓风飞雨生苔钱。
瑶姬一去一千年，丁香筇竹啼老猿。
古祠近月蟾桂寒，椒花坠红湿云间。

《巫山高》全诗是从描写巫山景色着笔，从巫山神女的典故展开，想象丰富奇特、旖旎绚烂。“碧丛丛，高插天，大江翻澜神曳烟”，将巫山高峰的峭拔挺立表现得直观精当，“神曳烟”三字描绘出缥缈轻盈、缓慢移动的云雾，与波涛汹涌、水势迅猛的“大江”形成动态上的强烈反差；同时，大江、云烟的动态，又与静态的陡峭山壁、层层碧树构成鲜明对比，使全诗的开端显得色彩明亮、层次丰富。如此奇特的环境极易引发诗人的遐想，与巫山神女的典故相连接。“楚魂寻梦风飔然”，李贺翻用这则典故，并没有延续巫山神女会见楚王的母题写作，而是将二者位置颠倒，诗中称楚王的灵魂在飒飒的凉风里寻觅梦中的瑶姬，但是，瑶姬一去已相隔千年，巫山之阳再也没有她的踪迹，多情的“楚王”望眼欲穿，却始终不见神女的身影。只有黯淡的苔藓在风雨中野蛮生长，老猿悲啼无尽怅惘。末句“椒花坠红湿云间”，“红”和动词“坠”字、形容词“湿”字相缀连，惨红的颜色和凋残的态势令人触目伤怀。本是充满生命力的美好事物却被毁弃，诗歌的悲剧性顿时加深。神女不在，古祠尚存，寒气侵入，寂寥无人，不时有椒花坠落。用空寂的意境收束全篇，有力地凸显了“楚魂寻梦”的虚幻。

唐代巫山诗中的巫术神秘色彩已然趋近消失，大部分作品将目光聚焦于巫山神女的姣好容颜、曼妙身姿，以此同现实女性相对应，与凡俗女子并无二致。严苛的礼教束缚了人性本有的欲望，内在自我与外在表现分裂。通过巫山神女这一虚幻的意象，诗人们在现实中无法抒发的真实情感在诗歌中得到投射，而巫山神女自己的“声音”则愈加难以被听见。在这些诗人笔下，她的形象被定型、行为语言被拆解。神女本就不存在于现实中，她来自文人的想象，实际上是理想情人的产物。

三、宋代巫山神女形象的解构

五代十国纷乱的局面结束之后，宋代儒学在思想控制上逐渐占据主导地位。受到“子不语怪力乱神”潜移默化的影响，巫山诗歌作品更加呈现出对巫文化的摒弃排斥。巫山神女形

---

① 薛爱华．神女：唐代文学中的龙女与雨女[M]．程章灿，译．北京：生活·读书·新知三联书店，2014：152-153.

象日渐世俗化，被赋予了更多的现实道德意义。

前文论述到唐代阎立本的《巫山高》中的巫山神女摇身一变而成为一位道教女仙，源源不断的巫山诗在对巫山神女的形象进行解构的过程中，试图将其纳入道教宗教体系，这样的趋势一直延续到宋代。巫山神女转型为“女仙”的直接文献依据来自杜光庭的《墉城集仙录》，而对这个转型起关键性推动作用的应当是以苏轼的作品为首的三苏神女诗。尽管《全唐诗》中已经出现描写神女道教仙子形象的诗，不过由于唐代民风开放，素有女道士与文人相恋的风流传统，唐代巫山诗中的神女艳情形象还是占据主流地位。而三苏的神女诗则与之不同，不仅完全脱离了艳情主题，而且运用道教云华夫人的典故，主要记叙了关于神女治水的前因后果，具有一定的戏剧性：

神女庙

苏轼

大江从西来，上有千仞山。
江山自环拥，恢诡富神奸。
深渊鼍鳖横，巨壑蛇龙顽。
旌阳斩长蛟，雷雨移沧湾。
蜀守降老蹇，至今带连环。
纵横若无主，荡逸侵人寰。
上帝降瑶姬，来处荆巫间。
神仙岂在猛，玉座幽且闲。
飘萧驾风驭，弭节朝天关。
倏忽巡四方，不知道里艰。
古妆具法服，邃殿罗烟鬟。
百神自奔走，杂沓来趋班。
云兴灵怪聚，云散鬼神还。
茫茫夜潭静，皎皎秋月弯。
还应摇玉佩，来听水潺潺。①

① 苏轼.苏轼诗集[M].王文诰，辑注，孔凡礼，点校.北京：中华书局，1982：36-39.

巫山庙

苏辙

山中庙堂古神女，楚巫婆娑奏歌舞。
空山日落悲风吹，举手睢盱道神语。
神仙洁清非世人，瓦盎倾醪荐麋脯。
子知神君竟何自？西方真人古王母。
飘然乘风游九州，朅渡西海薄中土。
白云为车驾苍虬，骖乘湘君宓妃御。
天孙织绡素非素，衣裳飘飖薄烟雾。
泊然冲虚眇无营，朝餐屑玉咽琼乳。
下视人世安可据？超江乘山去无所。
巫山之下江流清，偶然爱之不能去。
湍崖激作相喧豗，白花翻翻龙正怒。
尧使大禹导九州，石陨山坠几折股。
山前恐惧久无措，稽首山下苦求助。
丹书玉笈世莫窥，指示文字相尔汝。
擘山泄江幸无苦，庚辰虞余实相禹。
功成事定世莫知，空山俄顷千万古。
庙中击鼓吹长箫，采兰为飧蕙有肴，玉缶荐芰香飘萧。
龙勺取酒注白茅，神来享之风飘飘。
荒山长江何所有？岂有琼玉荐沉寥。
神君聪明无我责，为我驱兽攘龙蛟。
乘船入楚溯巴蜀，濆旋深恶秋水高。
归来无恙无以报，山上麦熟可作醪。
神君尊贵岂待我？再拜长跪神所劳。①

这位道法高超的神女于天地危难间降临凡世，体察灾情，然后回归深殿，驱使百神，淡然自若。而杜光庭的《墉城集仙录》对云华夫人早已有记载："云华夫人，王母第二十三女，太真王夫人之妹也。名瑶姬，受徊风混合万景炼神飞化之道。尝东海游还，过江上，有巫山焉，峰岩挺拔，林壑幽丽，巨石如坛，留连久之。时大禹理水，驻山下。大风卒至，崖振谷陨不可

① 苏辙.苏辙集[M].陈宏天，高秀芳，校点，北京：中华书局，1990:7-8.

制。因与夫人相值，拜而求助。即敕侍女，授禹策召鬼神之书，因命其神狂章、虞余、黄魔、大翳、庚辰、童律等，助禹斫石疏波，决塞导阨，以循其流。禹拜而谢焉。”苏辙的诗也几乎是对这段记载的改写，不但细致指出神女助禹治水的方法是授予“丹书”“玉笈”，还铺叙了神女的身世和居住在巫山的原因，道教色彩十分浓厚。“在三苏巫山神女诗出现之后，宋代诗坛上关于神女女仙形象的描写陡然多了起来，即使是在传统的艳情题裁(材)的诗歌中，其女主角表象上也俨然一派高蹈仙子风范。”①

当然，不能否认的是，巫山诗的转变本身就是出于作者对神女意象的选择不同。如果说一位宋代诗人在游历巫山或神女庙时，脑海中关于传统的巫山神女的联想完全没有，那几乎是不可能的。其关注点更多的是在对神女相关意象符号的运用上，例如“云雨”这个词，在全唐诗中高频率地出现，而在全宋诗中却较少出现，且大部分仅限于与巫山主题相关的诗歌。在唐诗中出现的“云雨”，除了运用在对艳情的隐喻表达外，也用在纯粹的自然意象描写当中。但在宋诗中，即使是在对自然景物的描写中，这个词也逐渐消失了，可见宋人对高唐神女及其象征在刻意回避，我们从中可以看到宋代文人试图厘清诗歌中艳情文化、巫文化与传统儒家思想的界线。

唐代及其以前，巫山诗中的神女本身并没有什么道德感可言，少量的诗歌甚至将神女视作祸国殃民的“女妖”。到了宋代，或许由于云华夫人形象的迅速传播以及道教文献的支持，指责神女为妖的声音渐渐销声匿迹了，士大夫转而从神女高尚纯洁的“神性”的角度出发，为其辩护。对传统神女传说的怀疑，以及对《高唐赋》作者创作动机的追问，是宋人对以前著作普遍进行的“以意逆志”的意义探索的积极表现。②由此可见，宋代士大夫对神女诗歌的阐释逐渐偏向于政治化、历史化，宋代文人有意识地将这种“维道”的观念付诸创作当中，通过种种途径，对传统神女意象进行解构，力图把代表艳情的神女驱除出诗歌的世界，试图构建起那些具备儒家情怀、谨守法度、拥有为国为民的高尚道德情操的巫山神女形象。

结语

通过以上论述，可以发现巫山神女这一原型遗留无疑拥有强大的集体无意识本源，关于她的解读、续写延续了千年。宋玉《神女赋》中的神女，作为初次觉醒的道德礼教的代表，与“自荐枕席”的神女截然不同，虽然最终“欢情未接，将辞而去”，但这一点也未阻碍巫山神女意象在后来成为诗歌中屡见不鲜的题材。六朝时期礼法约束的松弛与唐代开放的社会风气为神女及其相关文学的创作提供了宽容的环境，神女形象在李白、孟郊、李贺等不拘一格的

①解婷婷.宋诗中高唐神女意象的转变及其原因分析[J].学术界，2012(6)：158.
②周裕锴.宋代诗学通论[M].上海：上海古籍出版社，2007：427—435.

诗人笔下突破了原有的自我。直到晚唐，逐渐发展起来的道教文化所树立的云华夫人形象，才又一次对巫山神女进行了解构和再塑造。

荣格在其著作《原型与集体无意识》中认为，通过对西方神话原型的宗教改造及内容公式化，教义最终取代了集体无意识的地位。不过在中国，宗教的发展始终受限，大量的神话原型被儒家思想掌控下的历史化阐释所改造。巫山神女虽然由杜光庭在他的道教著作中刷新了面貌，不过因为宗教从未在真正意义上统治过中国古代社会，所以这也只是为巫山神女提供了一个新身份的选择。直到宋代，凡事以“道”为己任，如同清教徒一般的士大夫阶层对这一新身份的普遍认同，才使这一形象真正确立起来。

巫文化影响下的巫山神女，在注重礼教道德的儒家文化占据社会思想主导地位后，由最初民间传说中活泼可爱、妩媚动人的瑶姬逐渐转变为凡俗女性，而后来经历了和道教元素相融合的解构过程。神女及其所代表的艺术意象的转型流变，例如对巫山的描写从云雨缠绵转向山高水深，对神女形貌的描绘从窈窕美艳到法服严正，神女的爱从对个人的情爱到对生民的仁爱，最终体现出文人对巫山神女形象趋向于世俗化、道德化、历史化的选择性阐释。

参考文献：

[1]萧统．文选[M]．李善，注．北京：中华书局，1977.
[2]闻一多．高唐神女传说之分析[J]．清华学报，1935(4)：837-865.
[3]薛爱华．神女：唐代文学中的龙女与雨女[M]．程章灿，译．北京：生活·读书·新知三联书店，2014.
[4]赵成杰．薛爱华《神女:唐代文学中的龙女与雨女》读后[J]．国际汉学，2019(2)：190-194.
[5]解婷婷．宋诗中高唐神女意象的转变及其原因分析[J]．学术界，2012(6)：155-165，287.
[6]周裕锴．宋代诗学通论[M]．上海：上海古籍出版社，2007.

从文化遗产到文化资源的区域非遗管理问题

——重庆渝东南调研的学术思考

赵心宪
（重庆第二师范学院）

【摘要】文化资源保护传承与开发利用的相关理论问题，必须立足于应用视角才可能科学破解，这是文化遗产学术思考的核心课题之一。非物质文化遗产是非遗学的学科研究对象，同时也是文化资源学关注的重要范畴。“社会转型期渝东南非遗分类管理机制研究——以秀山花灯等民俗类项目为例”项目两期田野调查报告相关分析论述表明：讨论文化资源的保护传承与开发利用，不顾其与经济、社会发展的事实关联，做纯粹知识体系建构的抽象思考几乎是不可能的事。

【关键词】文化资源；文化遗产；文旅融合；区域非遗管理

一、引言

文化资源学资料表明，内涵非常宽泛的文化资源概念，其外延的应用已经是“不着边际”了。当下学界相关知识谱系的讨论虽然获取了丰硕成果，但希望科学界定文化资源学的这个核心概念以达成共识，似乎还很不现实。而且，文化资源内涵的“有形无形说”、“度量说”、“复制说”与“积淀说”，将文化资源的本质辨识与文化结构的层次区分混同，更增加了文化资源学学科归属的不确定性。“文化遗产”“无形文化遗产”“历史文化遗产”等与文化资源相关的系列核心概念，是20世纪70年代后才诞生的。文化全球化面临的世界性文化发展难题仍有待解决，而文化资源的理论建构目前只能“疲惫”地尾随在文化发展实践的后头，这已成为21世纪知识界无可奈何的事实。与自然资源研究相比较，国内文化资源的“无形性”、“传承性”、“稳定性”、“共享性”、“持久性”、“传递性”及“效能的最大性”等术语阐释，无一例外地将文化与经济发展、社会发展等密切地关联统合在一起。文化资源的保护传承与开发利用，应该是当下国家文化发展战略的重大内容之一。

拙著《从文化特色到经济特色——渝东南少数民族文化产业品牌开发调查》即提出，重庆渝东南民族文化资源最有产业品牌开发价值的核心内容之一，就是渝东南的非物质文化遗产。其与渝东南自然遗产相比，应该说还是一块亟待发掘、整理、保护和开发的处女地。而要做好该区域非物质文化遗产的发掘、整理、保护和开发，既要解决好认识上的问题，也要解决好行动上的问题。“认识上的问题”即文化资源保护传承与开发利用的文化资源学理论建构问题，“行动上的问题”即文化资源保护传承与开发利用在区域经济、社会发展中的具体实践问题。两个问题的解决有一个共同的切入点，即当下文化经济学的研究热点——“文旅融合”，同时要考虑渝东南区域经济发展中的文化产业品牌发展现状。当时依据田野调查的实际情况，提出了渝东南文旅融合的三点建议：一是寻求“可持续产业化理论视野”中的非物质文化遗产市场化路径；二是探索“可持续产业化理论视野”中的非物质文化遗产保护方法；三是达成“文化旅游与非物质文化遗产保护、利用良性循环的可持续发展”实践目标。前两点涉及理论建构目标，渝东南文化生态保护实验区的建设对此做了一定程度的努力；第三点正是重庆渝东南区域经济发展、文化资源保护传承与开发利用当下面临的实践难题。

上述文化资源话题，采用区域文化遗产保护传承与开发利用的实例，似乎有些文不对题，因此这里相关学理认识的种种辨析，是必须做简明清楚的交代的。其实很简单，一般而言，遗产特指历史上留下的精神财富或者物质财富，因此遗产无一例外应该具有“历史性”，或者说文化遗产就是一种非常重要的历史资源，当文化遗产作为社会、经济发展的基本“因素”时，就成了文化资源。换言之，讨论文化资源的保护传承与开发利用，不顾其与经济、社会发展的事实关联，做纯粹知识体系建构的抽象思考几乎是不可能的事。文化资源的保护传承与开发利用理论建构问题，必须立足于应用视角才可能解读清楚，这也是其成为文化遗产学学科范畴重要课题的原因。所谓“非遗”，是非物质文化遗产学的学科研究对象，同时也是文化资源学关注的重要学术话题。

“社会转型期渝东南非遗分类管理机制研究——以秀山花灯等民俗类项目为例”，是2019年度国家民委人文社科重点研究基地重点项目之一，关注新世纪重庆渝东南文旅融合开发实践中，非遗等文化资源的保护传承与开发利用现状。借助这个项目搭建的学术平台，文化资源的保护传承与开发利用的理论问题可以深入探讨。就这个项目先后推出的田野调查报告来看，解决文化资源保护传承与开发利用中的非遗管理机制问题，可能是解决现实相关难题的关键。

二、"行动研究与理论探索互济":第一期田野调查相关学术阐释

作为国家工程,非遗保护行动致力于提升中国文化软实力,在开展过程中会深度涉及当代中国文化政策研究中的种种前沿问题。一般传统的理论研究方法,似已跟不上中国文化现代化发展的现实需要了,"行动研究与理论探索互济"是一条值得探索的新路径。

在我们看来,区域性非遗管理机制现状的田野调查,首先不是相关的理论探索,不是研究主体各自寻求理论指导的田野实践,而是尽可能用新科技手段,现场客观地观察、感知、访谈、了解非遗管理行动的实际状态,然后在相关理论的指导下,透过感性的非遗管理现象,分析其隐含在现象里面的内在规律性。简言之,在区域性非遗管理机制的现状调查中,非遗管理现状(行动)的观察记录与感知是第一位的,是前提性的;后续的理论探索与阐释是行动现状研究的需要;行动研究激发理论探索,理论探索推动解决行动研究所发现的问题。"行动研究与理论探索互济"成为当下中国文化政策研究的新方法,非常切合"社会转型期渝东南非遗分类管理机制研究——以秀山花灯等民俗类项目为例"项目的操作需要。研究者的下述论断值得我们思索:

21世纪的中国,"新科学技术的发展为文化行业制度的整体性变迁提供了强大动力,将推动文化行业的网络化和扁平化体制逐渐取代科层体系,并从根本上消减基于计划体制下确立的'技术分类—专业分工—行业分系统'的文化管理架构、专业性技术边界和行业制度合法性,形成以数字生产、数字传播和数字消费为基础的'大文化传媒行业',导致文化行业管理结构的革命"①。

根据渝东南非遗管理机制现状调查结果,"社会转型期"关键词提示的,是全球化新技术变革语境对当代中国文化管理制度的巨大影响。上述专家论断告知我们两个非遗保护的重要文化管理信息:一是新科技发展将推动文化行业制度的整体性变革,现实是,20世纪50年代以来,文化管理架构与体制都在发生变化;二是这个变化是根本性的,是"文化行业管理结构的革命",文化行业的网络化市场竞争与服务社会的平面化格局,将会逐步取代计划体制下的文化管理"上统下"层级模式,以适应后工业化时代中国社会转型期文化行业整体发展的需要。这成为当代中国文化政策变革学理思考的逻辑起点。

针对国家文化政策宏观层面的变革,专家有下列4个相关论断,其将指导我们进一步思考中国非物质文化遗产管理的时代价值和意义。

其一,中国非物质文化遗产管理所体现的21世纪中国文化现代化的价值:"文化现代化既是经济和政治现代化的结果,也是国家现代化总体进程的标识,同时还是国家经济和政治

①傅才武,申念衢.当代中国文化政策研究中的十大前沿问题[J].华中师范大学学报(人文社会科学版),2019,58(1):67.

现代化的环境条件。”[①]（中国非物质文化遗产管理正是中国文化现代化价值体现的具体实践。）

其二，中华民族文化包括共同的历史经历与历史记忆，这是中华民族的精神内核。[②]（它感性地集中体现在中国非物质文化遗产的各级名录中。）

其三，形成国家文化软实力，既要克服近代以来民俗文化心理中的“文化自卑”，又要警惕民粹主义的“虚骄与自大”，应“借助于中华传统文化资源和文明古国的优势”，“创新国家文化软实力建设的路径”[③]。（中国非物质文化遗产管理水平正是其创新实践之路的表征之一。）

其四，当代中国，“文化行业部门既是社会文化产品的主要供给者，又是中国社会最基础的文化生活方式的维护与运营者，还是国家管理文化事务的组织实施者”。在信息化技术等新技术的冲击下，“文化行业结构的颠覆性变化”对国家文化建设与发展的种种影响不可能回避。[④]（中国非物质文化遗产管理即首当其冲。）

以上文字表述，借助于“当代中国文化政策研究”项目的学术前沿成果，分析了区域性非遗管理机制现状与国家文化政策变革的关系。通过第一期非遗管理机制现状的田野调查成果（赵心宪、孙璐，《“社会转型期渝东南非遗分类管理机制研究”第一期田野调查报告》，2019年，未刊），可以得出下列判断：

首先，应高度重视当下中国文化行业结构性变革对重庆渝东南地区的巨大影响。文化行业结构中各类文化产业的重要性，在渝东南文旅融合发展的战略规划下，越来越凸显出来。文化产业（例如其中的会展业）的市场化强势导向有力地推动着渝东南非物质文化遗产保护管理的提档升级，这是应该充分肯定的。渝东南某区文化馆从过去的社会公共文化服务的事业单位，变成区非物质文化遗产保护中心，管理当地非遗的保护传承、传播及开发利用，公共文化服务的公益性与非遗保护传承的专业化、非遗文化产业的市场化，让此文化馆的工作压力越来越大，面临的难题越来越多。这从一个特殊的角度（政府部门的体制化管理），折射出当下中国文化行业结构面临的颠覆性变化，反映了新时代中国文化管理部门的改革趋势，其理论与实践意义都是应该受到高度重视的。

其次，渝东南民族地区应该强化“分类管理，合理利用”的非遗保护传承与传播利用专业化管理原则。渝东南某区基础教育非遗项目的专业化管理机制，随着四所民族小学校本特色课程的开设，得到成功实践。非遗传承人编写非遗课本，通过非遗课程的教学，培养学生对非遗的兴趣，激发师生们的乡土感情，将非遗的保护传承与传播利用有机统一，成为这个

---

①②③④傅才武，申念衢．当代中国文化政策研究中的十大前沿问题[J].华中师范大学学报（人文社会科学版），2019，58（1）：67-77.

区当下非遗分类管理的亮点。当然不必讳言，此区民俗类非遗管理机制还没有实质性开启，应制定措施，加快启动步伐。因为文旅融合发展的市场化需要，该区倾向于体制化管理机制的应用，欠缺业务性专业管理机制的制约。其将民俗文化“平面化”“一刀切”，对文旅融合发展以及实现和谐的乡村文化建设前景是有影响的。

再次，应高度重视、尽快解决非遗体制化管理机制“先天”生成的行政管理的责权矛盾。渝东南某区与非遗保护相关联的部门有教育部门、民族宗教事务部门、公安部门、财政部门、国土资源部门、建设规划部门、水利部门、卫生部门、旅游部门，还有宣传、新闻出版、广播电视等单位，其为非遗管理问题的解决提供服务。而直接完成非遗保护业务的是区文物管理所，其直接承担着包括非遗在内的文化遗产的保护职责。当非遗保护按照“政府主导、社会参与”的原则执行时，应体现新时代中国特色社会主义文化建设的原则性与灵活性；当按照“分类管理、合理利用”的原则执行时，需要非遗专业化业务管理机制发挥其功能。希望上级政府整合区非物质文化遗产保护中心与区文物管理所功能，组建一个体制级别更高的地区政府管理部门。非遗保护的体制化管理与专业化业务性管理，是解决非遗保护问题不可剥离的两个方面。政府机构之间应该明确权责，同时加强沟通，只有这样才能合作共赢。目前有一个难题需要及时解决：非遗保护业务性管理工作，一方面必须严格执行国家文化政策，一方面又要与文化市场适时对接，需要应对文化全球化不断生成的新情况、新问题，这对管理机构提出了几乎全方位的专业化管理要求，而这些机构又该怎么做才能有效应对呢？

上海的经验是，成立以社会组织为主体的上海市非物质文化遗产保护协会，联合政府文化行政管理部门、保护工作专职机构，形成“三位一体”的非遗保护工作格局。2017年4月《文汇报》刊登祝越的《上海非遗保护工作机制逐步完善》一文，特别引述上海市非物质文化遗产保护协会会长高春明对上海“三位一体”非遗保护工作格局的满意评价，“协会成立后，更进一步整合了社会资源，搭建公众参与的公益平台，让企业、团体、个人共同参与非遗保护；同时，为了提升非遗保护工作的专业化水平，建立了由管理部门、学术机构、大专院校、社会专业团体等组成的指导委员会，为上海非遗保护工作提供专业化分类指导，通过开展项目评审、学术交流、项目推介、宣传推广等活动，实现非遗工作的多元共存”。

三、非遗体制化管理的中介性结构功能：第二期田野调查的学术阐释

渝东南某区文化馆非遗办的特别作用，可见第二期田野调查报告前言的概括表述：既承担政府部门非遗体制化管理的规定任务，同时又解决服务乡镇的专业性业务需求，提供了区域性“政府主导”非遗管理的成功案例，具有理论与实践的双重价值。（赵心宪、张华艳，《“社

会转型期渝东南非遗分类管理机制研究”第二期田野调查报告》,2019年,未刊)

区域非遗办在政府体制化非遗多重管理模式系统中,起到了不可或缺的管理功能。这种功能正是国内学界持续探讨的重要学理问题。参与非遗保护的研究者都知道,多重管理是目前政府体制化非遗管理的常态,问题是这个“多重”是如何体现出来的。《中华人民共和国非物质文化遗产法》第七条是这样规定的:“国务院文化主管部门负责全国非物质文化遗产的保护、保存工作;县级以上地方人民政府文化主管部门负责本行政区域内非物质文化遗产的保护、保存工作。”国家与地方管理非遗的“二重”层级法定关系,成为区域政府非遗多重管理的发端。非遗绝大部分来自民间,应依据其文化价值和典型意义,分属于国家、省、市、县(区)四级行政管理体系。不同级别非遗保护项目的申报,必须严格遵照四级管理程序:第一步申报县(区)级,第二步申报市级,第三步申报省级,第四步申报国家级,不能越级申报。直辖市第二、三步程序并未分属,比如重庆非遗管理程序实为三级,即国家级、市级、县(区)级。显然,因为非遗管理层次的多重叠加,我国形成了体制化的非遗多重管理模式。

从学理上说,多重管理模式实质上就是我国非遗管理“委托代理”的标准形式,即国家作为非遗资源的所有者,委托地方文化主管部门管理。国家非遗保护的最高价值取向,在于非遗的文化效益,而且“主要职责是进行监管”,“只能对结果进行检查,而无法对过程进行控制”;地方管理出于经济效益的现实考量,每每造成文化效益的后置,可能产生非遗管理的“道德风险”,如:可能导致对非遗经济利益的争夺,甚至可能导致管理部门的管理失位。

文旅部管理系统和地方政府文旅委管理系统,“结果检查”管理目标与“过程控制”并不一致,这是国内非遗多重管理导致管理低效的根本原因之一。

重庆市文旅委与渝东南区县文旅管理部门两个层面的非遗管理反馈系统事实上“缺乏交集”,都只是解决各自所属层面的管理问题,学理上必然造成市级非遗管理过程的不协调或者某些管理机构的不合作。最有说服力的例子,就是县(区)级非遗项目的申报和管理由县(区)负责,县(区)级项目成功申报为市级项目之后,才有资格进入市级非遗管理系统,得到市级保护。换言之,县(区)级非遗项目保护监管与过程管理,都是县(区)文化管理部门自己解决的。

值得我们深思的是,国家非遗多重管理导致管理低效的现象,与非遗现行“归口管理”的原则规定直接关联。有专家指出,归口管理应按照“谁申报、谁负责、谁受益”的原则进行管理。理论上讲,归口管理按行业系统分工,可提高管理的专业化程度,防止管理缺位、错位和越位。但考虑到非遗的类型多样性、价值多维度和管理使命多元化,非遗管理不是某一学科类别的管理能解决的。要使非遗得到合理保护和适当利用,必须吸收系统管理的思想,需要政府制定精细的制度、法规、政策，需要行业专家进行指导、学界进行研究、非政府组织进行资助，需要重视非遗环境的营造等，才能实现文化效益和经济效益的双赢。政府监督，组织自律，也是保证非遗管理系统良性运转不可或缺的条件。可以看出，归口管理难以协调非遗传承主体、传承客体、传承载体、传承受众和传承利益体之间的矛盾，必然导致管理水平的低下。

非物质文化遗产管理系统，是在特定时代的“政治、社会、文化、经济、技术以及自然景观外部环境”中展开运作的。有关非遗保护的“法规制度、宣传培训、专家指导、学术研究以及非政府组织资助”，不断影响着非遗的传承主体、传承客体、传承载体、传承权益与传承受众。非遗的历史价值、社会价值、科学价值、精神价值和经济价值不同程度地得以实现，在政府监管、社会监督及组织自律三重制度的约束下，完成非物质文化遗产管理系统的良性循环，这当然是政府主导下，非遗管理系统理想的运转模式。问题是，这个管理系统的“输入”子系统、“输出”子系统与“传承”子系统的业务关联，谁去承担职责呢？

某区文化馆非遗办的业务工作，给出了一个参考答案：提高区域非遗保护的管理水平，可以落实到一个体制内的、实际协助承担多重宏观管理任务、能够直接履行“归口管理”过程职责的业务实体或者平台，例如非遗办。非遗办就是国家非遗保护“结果检查”的阐释者，地方“过程管理”的实施者和评估者。从政府非物质文化遗产管理系统可见，非遗办具有推动系统运转的信息输送者功能（兼有信息输入与信息输出功能），在“政府监管”系统运转下，其实际处于信息枢纽“中介性”结构的特殊位置。作为能够履行“归口管理”过程职责的业务实体或者平台，非遗办是非遗保护过程的政策执行者、身体力行者。

（一）国家级、省级与市、县级的非遗分类保护管理意识

2015年11月23日，中国政协新闻网转发《人民政协报》的《非遗项目要分类管理区别对待重点扶持》一文，认为“我国非物质文化遗产数量众多，分布极广，这么大量的非物质文化遗产要全部传承和保护，难度非常大。因此，建议国家对非物质文化遗产要分类管理，区别对待，重点扶持”。分类管理即将非遗分为三类分别进行管理。

第一类是国家级重点非物质文化遗产项目，由国家文化、文物管理部门认定，包括具有重要历史文化价值、在全国具有重大影响的项目，各民族具有鲜明民族特色的项目等，这是必须传承和弘扬的项目。

第二类是省级非物质文化遗产项目，由省级政府文化、文物主管部门认定，具体政策由省级部门研究制定。根据国家现行规定，给予非遗项目传承人每年定额补贴。对这类省级

非物质文化遗产，也应当传承好、保护好。

第三类是市、县级非物质文化遗产项目，这一部分数量很大，地方也有保护和发展非遗项目的积极性。建议尊重市、县级地方政府意见，由他们来研究和确定具体政策和办法。地方政府认为市、县需要传承、保护的项目，又有条件给予保护的，可以传承一批、保护一批、发展一批。其他非物质文化遗产项目则应允许其自由发展，由非物质文化遗产传承单位和传承人按市场规律去运作。

黔江区非物质文化遗产清单上的项目，即按照以上分类法造表列出，计国家级非遗1项[南溪号子（传统音乐）]，市级（此指直辖市级）非遗33项[角角调（传统民俗）、石城情歌（传统音乐）等]，区级非遗146项[高炉号子（传统音乐）、后坝山歌（传统音乐）等]。（注：高一级非遗项目当然包含在次一级非遗项目中。）

（二）区分公益性与经营性两大类别的非遗项目分类管理意识

近年，基于体制化非遗保护管理面临的非遗如何融入现代生活，如何提高基层民众非遗保护积极性等问题，张帆提出了“遵循客观规律，分类对待不同项目”的建议——“在追求最合理资源配置、最有效文化传承、最大化社会效益的前提下，根据项目自身特点分成公益性和经营性两大类”。

第一大类公益性非遗，“包括那些短时间难以融入现代生活的非遗项目，如部分民间文学、民俗项目等，可通过保存实物、数字化记录保护、进入中小学课本等方式进行保护”（张帆，2017）。

第二大类经营性非遗，“包括那些历史上本就是‘走市场’或当下仍有市场需求的非遗项目，如大部分传统技艺、传统美术、传统医药项目，可以进行全部商业性经营，传统音乐、传统舞蹈、传统戏剧、曲艺等则可部分商业性经营”（张帆，2017）。

黔江区非物质文化遗产清单无“公益性”与“经营性”非遗分类保护的任何提示。根据该区民族村寨礼仪类民俗项目的发掘、整理与市级项目成功申报的经验，以及对石鸡坨土陶手工技艺项目的保护、扶持与国家级项目申报前的扎实准备情况，项目组清楚地了解了非遗办在实践中区别“公益性”与“经营性”非遗分类保护的方式和程度。总的来说，通过对民俗类非遗中礼仪类民俗项目的发掘、整理，对手工技艺类非遗项目的可持续性扶持、帮助与专业指导，有效获取非遗的文化价值与经济价值，是应该充分肯定的区县基层非遗分类保护经验。

(三)民俗类非遗项目按学科分类管理意识的存在与不自觉体现

非物质文化遗产按照学科领域对应的专业分类,可分成两个层级。

第一层级有16个基本类别:(1)民族语言;(2)民间文学(口头文学);(3)民间美术;(4)民间音乐;(5)民间舞蹈;(6)戏曲;(7)曲艺;(8)民间杂技;(9)民间手工技艺;(10)生产商贸习俗;(11)消费习俗;(12)人生礼俗;(13)岁时节令;(14)民间信仰;(15)民间知识;(16)游艺、传统体育与竞技。

第二层级分类则更具体更细致。例如:一级类"生产商贸习俗"的二级类属有"农业、林业、渔业、狩猎、饲养和畜牧业、商贸、副业"等类别;"消费习俗"的二级类属有"服饰、饮食、居住、交通"等类别;"人生礼俗"的二级类属有"妊娠、分娩诞生、命名、满月、百日、周岁、成年礼、婚礼、寿诞礼、葬礼"等类别;"岁时节令"的二级类属有"汉族节日、少数民族节日"等类别;"民间信仰"的二级类属有"原始信仰、俗神信仰、祖先信仰、庙会、巫术与禁忌"等类别;"民间知识"的二级类属有"医药卫生、物候天象、灾害、数理知识、测量、纪事、营造"等类别;"游艺、传统体育与竞技"的二级类属有"室内游戏、庭院游戏、智能游戏、助兴游戏、博弈游戏、赛力竞技、技巧竞赛、杂耍(艺)竞技"等类别。这些类别复杂而多样,充分体现出非物质文化遗产的多姿多彩。

非物质文化遗产是民族民间文化传统历史沿袭的主体部分。上述"二层级分类"的模式,依据的是中国艺术研究院、中国非物质文化遗产保护中心制定的非物质文化遗产分类代码表,其有四大优点:(1)学术上传承有序,保持了历史悠久的中国民族民间文化艺术研究的学术传承;(2)有较强的科学性,吸收了国际、国内相关学科的前沿科学成果,能够面向未来;(3)富有鲜明的实践性和突出的可操作性;(4)体现了鲜明的中国特色,是中国民族民间文化艺术符合实践需要的学科分类总结。简言之,其科学性、实践性与实用性,充分体现出非遗"二层级分类"在政府体制化非遗管理中的业务操作价值。黔江区非物质文化遗产清单上的22项民俗类非遗包括了"消费习俗""人生礼俗""岁时节令""民间信仰""民间知识"的第二层级项目,可见这个区非遗办的业务管理是比较专业的。

四、小结

上述关于“社会转型期渝东南非遗分类管理机制研究——以秀山花灯等民俗类项目为例”项目田野调查报告学术的阐释，探讨了文化资源保护传承与开发利用问题，研究了重庆渝东南区域性文化资源保护现状，提出了一些解决方案。区域性文旅融合产业开发与非遗分类管理是分不开的。本文提出了一些初步的看法，或有不成熟之处，欢迎读者批评指正。

参考文献：

[1]牛淑萍.文化资源学[M].福州：福建人民出版社，2012.

[2]赵心宪，等.从文化特色到经济特色：渝东南少数民族文化产业品牌开发调查[M].北京：中国经济出版社，2012.

[3]傅才武，申念衢.当代中国文化政策研究中的十大前沿问题[J].华中师范大学学报(人文社会科学版)，2019，58(1)：66-77.

[4]王文章.非物质文化遗产概论(修订版)[M].北京：教育科学出版社，2013.

从谭盾的《武汉十二锣》谈中国音乐发展的问题

邹俊星

（重庆市文化和旅游研究院）

【摘要】中国当代音乐发展呈现出一派繁荣的景象，在快速发展壮大的背后则隐藏着许许多多的隐忧。本文从当代国内音乐发展中不正确的态度与方向进行思考，找寻中国音乐正确的位置与发展方向。

【关键词】谭盾；当代音乐；发展方向

据新闻报道，2020年4月12日晚，来自10个国家的艺术家在上海、武汉、纽约三地共同演绎了谭盾作曲的《武汉十二锣》，演出通过抖音、微信、微博同步直播，7000万观众在线欣赏了这次演出。悠远的十二下编钟声破空传来，如同历史深邃的回响。通过网络，这来自湖北省博物馆的钟声传到了位于上海的演出现场。著名作曲家、指挥家谭盾站在舞台中央，环绕着他的不仅有六面巨锣，还有多面屏幕。

武汉铜锣在音乐界享有盛名。铜锣是最早进入西洋管弦乐队的中国乐器之一，武汉铜锣工艺独特、定音精准、音域宽广，是世界很多交响乐团的必备乐器。十二这个数字则是中国文化的沉淀，十二时辰、十二生肖……十二是中国文化的图腾，是人类生命的密码。女高音吟唱的歌词“天长地久，万物和兮。天地与我，大焉为一”，来自老子的启迪，两千年前古人的智慧依然可以喻照当下。谭盾将这部作品描述为“声音的纪念碑”，他把近期有关人生万物的思考尽纳其中。

谭盾作品中的符号化表达能否使听众们真切感受到作曲家的意图，笔者仍抱怀疑态度。对此的怀疑让我对中国音乐发展遇到的问题进行了思考。

改革开放以来，中国音乐文化的发展日新月异，以戏曲和民歌为代表的传统音乐艺术登堂入室,从民间的田野中一跃至专业音乐学府中,演变成为具有中西结合性质的“民族声乐”。此后的发展局面可谓“千树万树梨花开”。然而,在华丽的外衣下,是内部的种种动能与诱因,在看不到的深层环节中,没有光鲜亮丽的粉饰,只有外强中干的匮乏。我们并不能否定中国音乐发展所走过的历程和努力得来的成果。但我们必须正确面对中国音乐文化当下所处的位置、水平,在有参照物对照的情况下形成客观的认知,这不仅仅是为了今天的基础牢靠,更是为了明天在正确的道路上继续远行。

一、当代中国音乐发展之困境:民族化道路困难重重

音乐的“民族性”指的是不同国家和民族在自身发展规律中所形成的音乐风格与特质,无论是从外在表现来看,还是从内部诱因来看,其是具有特殊性的。实际上,中西方音乐在民族性方面存在着巨大的反差。

从历史维度来看,中西方音乐所走的道路是截然不同的。西方音乐的形态是建立在宗教文化、建筑艺术、数学量化的基础之上的。欧洲的音乐发展与数学运算紧密结合在一起,精确运算出的十二平均律结合了音乐的自然性与数学的科学严谨性,形成了对音准的精确把控。欧洲音乐家在巴赫《十二平均律曲集》与具有标志性的赋格形态基础之上,形成了各种各样有关音乐的重大成果。在今天看来,无论是奏鸣曲、协奏曲或是结构宏大的交响乐或歌剧音乐,所有素材与元素的丰富全部有赖于一种严密的数学量化支撑体系,以及其民族精神中对于宗教和文化自成一派的理解与观念。中国的音乐形态则更多的是在自由的环境中成长,与社会生产劳动和统治阶级的喜好密切相关。

礼乐制度与雅乐形态的出现,缘于统治阶层对于社会掌控的需要,其是社会文明不够发达时所形成的一种思想认知与审美情怀。祭天祭地祭祖先,歌功颂德赞帝王,正是由于礼乐制度的明确与清晰,才使社会被划分为各种各样的等级,维系了中国古代国家的统一性管理。礼崩乐坏之后中国音乐形成了双向发展的道路,一方面,宫廷音乐有着自己独到的审美见解,根据王公贵胄的需要不断形成具有华贵气质的音乐体裁与作品,从《相和歌》《清商乐》《歌舞大曲》《法曲》等古代音乐中,可看出宫廷音乐的恢宏气势;另一方面,民间音乐的发展在以农村文化生态群落为依靠的环境中缓慢孕育,在劳动与生活中出现了民歌、小调、劳动号子等极为朴实,但掷地有声的民间音乐类型。音乐文化在缓慢积累过程中,并没有十分系统化的科学的音乐理论作为支撑,但其“润物细无声”的积累,逐渐形成了巨大的音乐能量。与此同时,由于民间音乐散布在广大的文化田野之中,各个地域人民的语言、劳动方式、生活

境遇、民族、习俗等不尽相同，使得音乐的色彩绚丽多姿，个性十足。

今天中国的一些民族音乐创作却似乎变了味道。看似中国化的主题内容，实则是西方音乐体的移植或照搬照抄。看似有几样中国乐器在其中，但创作者本身并没有置身其中，而将自己看作一个西方音乐的代言人。更有甚者试图说服听众接受一种“新式”的民族化音乐观念，以西方音乐的传统来“养育”中国的民族音乐。殊不知，西方现代音乐对于中国传统音乐的冲击如果过于严重，将会导致中国民族音乐文化精粹的枯竭。

民族化问题逐渐成为中国当代音乐创作的一种困惑。失掉了对传统音乐的情感与信心，民族音乐的“自尊心”荡然无存。我们不需要有名无实的民族音乐，我们希望将民族音乐封存在传统中，封存在民族固定的审美逻辑中，而不是被颠覆和改变，更不能将其作为哗众取宠的工具。

二、当代中国音乐发展之挑战：与国际化接轨的道路崎岖

在音乐民族化问题越演越烈的同时，当代中国音乐创作还出现了另一种问题，那就是“伪国际化”。从音乐发展与传承的视角而言，不同国家与民族的音乐传承方式各有不同。中西方音乐的教育传承方式大相径庭。西方音乐文化的传承一向注重文本的作用，由于乐谱记录格式在整个欧洲的统一，从巴洛克甚至更早的时期开始，音乐家就通过乐谱与表情术语周密地记录着乐谱的内容，这使得欧洲音乐文化的教育与传承始终以文本为中介进行着代际传播。

中国的音乐传承则主要采用了“口传心授”的方式。“口传心授”是一种在民间音乐文化传播过程中逐渐形成的习惯。首先，中国的民间音乐多是由民间艺人收集整理的，是自成一派的。因此，音乐的创新无时无刻不在进行，其不稳定的特性决定了其无法记录成为文本。其次，在中国古代历史上，中国有大量民众是不识字的，因此在传道授业的过程中也很少形成文字或曲谱。虽然在中国古代也不乏工尺谱等文本，但在民间音乐的传播中却很少能够得到运用，口口相传是民间音乐传播最简单易行的方式。在音乐的传播过程中逐渐形成了听与学的传统。

西方音乐传承的量化性结果，是形成了古典主义音乐时期、浪漫主义音乐时期等不同的艺术时期，即便是今天的流行音乐同样是西方音乐文化厚积薄发的结果。用了二百多年的时间，流行音乐在工业时代的欧美国家逐渐形成，并从早期的黑人音乐，逐渐演变产生出蓝调音乐、爵士音乐、摇滚乐等多种多样的流行音乐体裁。

欧美的流行音乐传入中国，使我们体验到了一种全新的音乐模式。经过不断的学习、借鉴、模仿，我们形成了自己的音乐市场机制，成立了许多大大小小的唱片公司，出现了在华语乐坛具有影响力的音乐，也培养出了很多知名的流行歌手。这一切的成果我们都能够清晰地感知到。但我们几十年的成果与欧美相比还有一些差距，一些华语乐坛鼎鼎大名的歌星，在国际上的认知度却不高。因此，我认为，我们现代音乐的国际化道路还很漫长，目前我们还处于一种被动追赶的地位，处于一种学习运用的阶段。急功近利并不能带来实质性的进步，反而会使我们产生惰性，迷失方向。中国当代音乐的发展离不开全社会的共同努力，需要我们沉下心，放下身段，认真工作，这样我们的音乐一定能结出丰硕的果实。

参考文献：

[1]黄会林.当代中国大众文化研究[M].北京：北京师范大学出版社，1998.

[2]沙莲香，等.中国社会心理分析：献给创造“25年中国”的人们[M].沈阳：辽宁教育出版社，2004.

[3]王耀华，杜亚雄.中国传统音乐概论[M].3版.福州：福建教育出版社，2013.

[4]曾遂今.音乐社会学概论：当代社会音乐生产体系运行研究[M].北京：文化艺术出版社，1997.

焦石民歌的保护与传承

马玉平　冉启蕾

（重庆市涪陵区委党史研究室）

一、焦石民歌溯源

重庆市涪陵区的焦石镇，地处武陵山区，是汉族、土家族、苗族的杂居地，受巴文化的影响极深。巴楚古风遗韵与本土农耕文化在这里相互融汇，产生并积淀了极其丰富而又独具特色的巴文化民间歌谣，从客观上为焦石民歌的兴起和发展提供了丰沃的土壤。人们以山歌协调繁重生产中的劳动节奏，排解身体的疲劳和心中的忧愁，抒发对美好生活的向往。

焦石民歌起源于古代巴渝民间广泛流传的古老民歌，兴盛于宋元时期，持续发展于明末清初时代，生活气息非常浓郁。长期的生活和劳动逐渐孕育和形成了独具特色的焦石民歌。

焦石民歌主要流传于涪陵区焦石镇及周边相邻地区，包括彭水、武隆、丰都、石柱等地。传播方式主要是通过口口相传。在世代传唱的过程中，焦石民歌被不断加工提炼，其歌词内容涉及广泛、绚丽多彩，语言简明，音乐短小精悍、易于熟记、易于传唱。

焦石民歌生动地反映了当地人民的生活、劳动、民风、民俗、情感和宗教信仰等多方面的内容，蕴含着丰富的巴渝民间传统、民俗资料和历史文化信息。据20世纪80年代中期的民间文艺普查和近年来的非物质文化遗产普查，焦石民歌现存有生活歌谣、劳动歌谣、时政歌谣、风俗歌谣、儿歌等5个大类，有情歌、栽秧歌、打场歌、盘歌、斗歌、翻叉除草歌、儿歌、放牛歌、请茶歌、哭嫁歌、薅草打闹歌、石工号子等100多个品种若干首歌谣，有独唱、对唱、领唱、联唱、轮唱等多种演唱形式。其内容丰富、形式活泼、情感质朴、行腔优美而富于变化，演唱方式和传播形式多种多样。焦石民歌的旋律里浸润着浓浓的乡土气息，歌词中蕴藏着劳动人民对生活的美好愿望和祈盼。

现在，让我们一起来欣赏焦石民歌中的部分歌词：

《唱山歌》（反映了焦石人民爱唱山歌的性格）：

太阳出来要唱歌要唱歌哟喂，月亮出来要唱歌要唱歌哟喂，焦石也山歌哟爬依也上坡哟，田间地头才开口哟喂，千山万岭歌来和哟喂……唱起山歌人最美人最美哟喂，山歌唱出好生活好生活哟喂，世世代代歌不断，山歌唱出好生活……

《放牛歌》（反映了小孩子上山放牛时的喜悦心情）：

对门的娃儿也，来也放牛哟喂，牛儿嘛赶到啰儿啰沟里头哟喂，背靠背来也，手也牵手哟喂，焦石山歌啰儿啰不离口哟喂。对门的幺妹也来砍柴哟喂，刀没嘛磨快啰儿啰，也要来哟喂，对是对来也，排是排哟喂，焦石山歌啰儿啰唱起来哟喂哟嗬喂……

《砍菜歌》（反映一位姑娘清早上坡砍菜的情景）：

清早起来，轻轻把门开，幺妹走出来，扯一琅琅，咔一琅琅，扯一个琅琅一扯长，幺妹到地里（迈）去哟砍菜哟喂，那细的就过扯，那大的就过砍，那甜菜、白菜、苤蓝、青菜、包包白菜，依哟，吃都吃不完啰，我的个幺妹子……

《盘歌》（反映一群青年男女对歌时的机智）：

一问：哟呵喂，哟儿那个喂，高师傅迈老先生，这首盘歌迈问你们，啥子出来高又高？啥子出来半中腰？啥子出来是连盖打？啥子出来是棒棒敲哟？

合：啥子出来是连盖打？啥子出来棒棒敲哟？

答：哟呵喂，哟儿那个喂，高师傅迈老先生，这首盘歌我解得清，高粱出来高又高，苞谷出来半中腰，黄豆出来是连盖打，芝麻出来是棒棒敲哟。

合：黄豆出来是连盖打，芝麻出来是棒棒敲哟。

二问：哟呵喂，哟儿那个喂，高师傅迈老先生，这首盘歌迈问你们，啥子出来红又红？啥子出来弯囧囧？啥子出来是悬吊起？啥子出来是像条虫？

合：啥子出来是悬吊起？啥子出来是像条虫？

答：哟儿那个喂，高师傅迈老先生，这首盘歌我解得清，海椒出来红又红，丝瓜出来弯囵囵，茄子出来是悬吊起，豇豆出来是像条虫。

合：茄子出来是悬吊起。豇豆出来是像条虫。

三问：哟呵喂，哟儿那个喂，高师傅迈老先生，这首盘歌迈问你们，啥子出来背朝天？啥子出来三角尖？啥子出来横担起？啥子挑起是不换肩？

合：啥子出来是横担起？啥子挑起是不换肩？

答：哟儿那个喂，高师傅迈老先生，这首盘歌我解得清，犁辕出来背朝天，铧口出来三角尖，牛打脚出来是横担起，牛儿挑起是不换肩。

合：牛打脚出来是横担起。牛儿挑起是不换肩。

《十劝姑娘》(表现了当地村民的婚嫁习俗)：

一劝那姑娘家哟，你娘家里生长大也，你娘家好比个在婆家也，你说话也说话，要秀哦雅。二劝那姑娘们呢，你绣房啊紧关门啰，绣啊绣得个女人能那，赛过也，赛过多少人啰喂。三劝要哭嫁吔，你改姓到婆家哟，娘一说话你要听话也，免得吔免得逗咒喂骂。四劝那出了嫁哟，你改日到婆家哟，你大事小事嘛莫差吧哟才算呢才算，在行哦家。五劝那记心怀哟，你茶饭莫要捱哟，你走东去西嘛你要快哟，你早去哟早去，早回哟来。六劝那记心上哟，你说话嘴莫犟哟，你哭脸把作笑脸当哟，才算呢才算在哟行。七劝那姑子多哟，针线各做各哟，同桌吃饭嘛一屋坐呃，你莫分呢莫分你和呃我。八劝弟兄嫂呢，妯娌要和好呢，不要时常嘛把嘴吵呢，你还要哟还要哦大让小。九劝你公婆哟，说话迈嘴莫多哟，那年轻之人迈有差错哟，你好好呢来教来好好说。十劝那一家人呢，你莫起二样心呢，劳碌辛苦是运生成呢，你有命呢有命呢，不由哦人。十劝劝完了哦，你牢牢紧记到哦，不出是非才是好哦，才算呢才算，你乖哦巧。

《哥哥的糍粑月亮大》(表现了当地村民庆丰收的喜悦心情)：

八月中秋，月儿圆啰，家家户户，不得闲哟。打糍粑哟喂！糯米香，糯米甜，想起幺妹好缠绵。糍棒舂到碓窝头哟，幺妹哈，不见幺妹好心烦。糍粑香，糍粑甜，团团圆圆妹跟前。哥哥的糍粑月亮大，哥哥哈，照到你我好团圆。糯米香，糯米甜，想起幺妹好缠绵。糍棒舂到碓窝头哟，幺妹啥，不见幺妹好心烦。糍粑香，糍粑甜，团团圆圆妹跟前，哥哥的糍粑月亮大，哥哥啥（幺妹啥），照到你我好团圆。嗯嘿、嗯嘿、嗯嘿、嗯嘿、嗯嘿、嗯嘿、嗯嘿、嗯嘿……

《栽秧歌》（表现了当地村民栽秧的欢乐场景）：

大田栽秧行呢对行啰呵，一对哟秧鸡啰。（众人合）一是在也歇凉啰呵，秧鸡啰找到哟，歇也凉的处啰呵，少年郎的歌也。撒子个，小姐呀找到啥少年的郎哟嘿。

十七八岁不也唱的歌哟呵，那二十哟四五啰。（众人合）一是事也情多也诶，三十哟一二啰；一是当也家的去哟，少年郎的歌也。撒子个，哪有哟闲心啥唱山的歌哟嘿。

你歌哪有我也歌多也诶，我歌也撒满啰。（众人合）一是对也门坡哟哦，随便啰跟你哟。

焦石民歌具有鲜明的巴文化特征和地域色彩，有着独特的艺术风格，堪称重庆市民间文艺之瑰宝。

2015年8月，重庆市民间文艺家协会组织专家深入焦石镇采风，他们听了焦石民歌后齐声叫绝，称焦石民歌传承和保留了古代民歌的韵味，而且还有发展，更有创新。焦石民歌正逐步成为有巴文化特色的文化符号，成为重庆市涪陵区的一张文化名片。

二、保护传承好焦石民歌

为了保护传承好从古代流传下来的焦石民歌，涪陵区抽调了专人开展工作。在涪陵区人民政府确定的7个大类的80项非物质文化遗产名录中，就有焦石民歌。焦石民歌已于2013年被重庆市人民政府纳入重庆市级非物质文化遗产名录，重庆市现已着手申报国家级非物质文化遗产。

近些年来，涪陵区焦石镇党委、政府更加重视非物质文化遗产的保护与传承。为了抢救和保护焦石民歌，焦石镇专门制定了焦石民歌五年保护计划，将焦石民歌纳入全镇专项工作，对焦石民歌进行普查，搜集歌词、声像资料，并制作录像。从2012年开始，焦石镇还组织开展了一系列民歌传唱活动，并投入数百万元，邀请区内外专家学者对焦石民歌进行修改、提炼、编导，于2013年9月在焦石镇隆重推出了首场焦石民歌大型实景演出。之后，每隔一年，便推出一场焦石民歌大型实景演出，受到专家学者的广泛赞誉，为打造"山歌之乡"打下了良好的基础。在焦石镇党委、政府的支持下，焦石镇成立了上百人的焦石民歌艺术团，开展了诸如焦石民歌歌王争霸赛、焦石民歌传唱、焦石民歌进校园等活动。

焦石民歌的实景演出一般需要300多名演员，这对将焦石民歌推介到外地舞台造成了困难。为解决这个问题，2017年11月28日，在重庆市文旅委的倡导下，在涪陵区委、区政府及区文化部门和焦石镇党委、政府的共同努力下，一台投资上百万、只需100名演员的焦石民歌舞台升级版演出在涪陵大剧院隆重推出，并获得空前成功。不少专家学者称：万万没想到，涪陵还会有如此绚烂的巴文化瑰宝，而且还成功搬上了舞台。

焦石民歌长期散于民间，以前，人们的保护意识不强，不少年轻人只喜欢流行歌曲，根本不唱焦石民歌，很少有人会认为焦石民歌是一种珍贵的、极富巴文化特色的民间艺术瑰宝。即使有人认为焦石民歌的确很有必要保护，但这种保护意识并不强，久而久之，焦石民歌自然就处于自生自灭的状态了。

如今，涪陵区委、区政府已将焦石民歌列为涪陵区重点文化建设项目，制定了近、中、长期保护方案，并建造了固定的焦石民歌赛歌台，定期举办焦石民歌赛歌会、民歌节，在全国范围内举办民歌邀请赛，评选焦石民歌歌王，把涪陵区其他乡镇收集到的民歌，也统一归入焦石民歌，以扩大焦石民歌的影响，力争在规定时间内，创造条件成功申报国家级非物质文化遗产项目。

目前，涪陵区正在进一步加大焦石民歌对外宣传力度。焦石民歌多次参加重庆市的各种文艺调演，均获嘉奖。焦石民歌艺术团还应邀到东北、陕西等地演出。在保护传承焦石民歌的同时，涪陵区政府正在考虑焦石民歌如何与涪陵的页岩气文化和武陵山旅游文化相结合，借涪陵页岩气田和武陵山大裂谷的知名度，来扩大焦石民歌的影响，助推涪陵乃至重庆地方经济的发展。

傅舟：真实不虚

屈波
（四川美术学院）

“真实不虚”四字，是傅舟先生所治的一枚印章之名，是批评家王林对傅舟艺术的期许，也是关于傅舟艺术状态的一种描述。《真实不虚》一印，上疏下密，左松右紧，“真”“虚”首尾呼应中有微调，“实”“不”笔势一致中有重量感的比对，“实”“虚”相互牵连而有收敛与开廓的区别。以傅舟此印的创作印证篆刻家需在方寸间苦心经营之说，确非套语而乃实情。

《真实不虚》（附边款）

“真实不虚”，也是傅舟从艺之路的写照。从12岁开始，傅舟即学习书法。自小听话的他，因为书写工整而受到老师的关注，从暑假临摹老师赠送的《曹全碑》字帖而初窥书法艺术的门径。到高中时，他向多位老师学习绘画，打下了扎实的造型基础。他从1974年开始随西南师范学院（今西南大学前身之一，后文简称“西师”）的郭克先生学习素描、水彩，1976年曾向方凤富先生学习中国花鸟画，并常去苏葆桢先生家中观其作画。1976到1979年间，傅舟还曾向西师美术系的钟定强、李蜀光、葛绳睦等先生请教过。此阶段的他对艺术极为痴迷，以至多年以后，他仍然清楚地记得两件事：一次是生病发烧后以画画缓解症状；一次是班级与工厂青工进行篮球比赛时自己拎着画箱去写生了，白天画得颇为尽兴，但晚上就被批为搞“一技之长”，走“白专道路”。

不过，如此痴迷于绘画的傅舟，在1979年高考时选择的专业却既不是西画，也不是中国画，而是中文。在看似将与专业艺术训练绝缘的西师中文系里，他先随秦效侃等先生学习中文，在进入大学后第二年幸运地投到了对自己艺术人生影响极大的艺术导师——一代书法、篆刻大家徐无闻先生门下。彼时徐先生弟子众多，在书法上取得成就者亦有数人，但尚无一名在篆刻上学有所成的弟子，因此，傅舟在徐先生的引导下致力于篆刻的研究。很快他便在篆刻书法界崭露头角，多次参加全国性的重要展览并获有大奖，成功跻身西泠印社成员行列。徐无闻曾于1992年为傅舟手书介绍函，云："西南师范大学中文系一九八三级毕业同学傅舟（漆建），十余年来在语言文学专业之外，勤学书画篆刻，取得优良成绩，尤以篆刻为好，其作品被选入全国第一、二届篆刻作品展以及其他重要展览，大有发展前途。"其对傅舟期许之高，由此可见。

傅舟治印，对汉印与元朱文用功尤多，到20世纪90年代，他的汉印风格类印章已相当纯熟。此后，他将汉印线条与古玺章法进行融合，以古玺与汉印的相互"打通"得到了印学界的认同。曹建在其《融汇诸艺 妙悟在斯——傅舟篆刻艺术评析》一文中论析，"古玺、汉印、元朱文是印章格局中的三大主流"，"对于当代印人，能长于其中之一者，便足以名家。重庆傅舟先生则在某种程度上兼有三种印章风格：汉印、古玺、元朱文三者非常和谐地统一于他的印作，在古玺章法、汉印点线质感与元朱文的篆印能力方面能共生互补"。尽管傅舟首先在篆刻艺术创作方面投入了极大心力并取得了相当成就，但他时刻未忘怀书、画二事。于书法，傅舟篆书、行草、隶书诸体兼善，并融会贯通；于绘画，他致力于最易发挥书法用笔之长的中国花鸟画。既有努力营造，亦有顺其自然，在两者的平衡中，傅舟走出了一条属于自己的书、画、印兼善的艺术创作之路。

傅舟所治印，得意者不下数十上百方。其《行健不息》一印，章法的大疏大密，一方面是篆刻艺术本体的要求，但同时也让人感觉到一种绘画性构图的意味，下方的密实有效地衬托了上方的通透。《君子怀德》一印，所有线条形状相互呼应，彼此连接，相互穿插，构成了一个复杂的、自为的空间，气于其中流动，或畅行无阻，或避让游走，其中的细节颇堪玩味。《夕餐落英》《大爱无疆》印为同一风格，是傅舟在前期平和、俊逸印风基础之上求恣肆特性之作。各字大小的极端对比，是对古玺结构变化丰富、体势错综参差特点的运用，但从中亦可感受到抽象绘画精心推敲点、线、面元素的排列与组合之意。两印的内容，一在表达精神世界里的空灵，一在呼唤现实生活中的崇高。《上善若水》印，字体大小对比强烈，与《夕餐落英》《大爱无疆》印相似，但其线条形状有多处重复，在装饰性美感之外，确有王林所评"如此借助复制的力量，可以感受到当下的文化趋向"之特点。

《行健不息》

《君子怀德》

《夕餐落英》

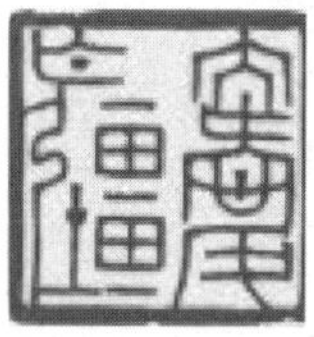

《大爱无疆》

《上善若水》

傅舟的书法，以隶书起步，而最早得到书法界认可的则是篆书。早在大学期间，他便以一幅小篆获得全国首届大学生书法竞赛二等奖。傅舟数十年在篆书上的磨砺与精进，可以其一副集中山王厝鼎铭文联的联语概括："此生祸福为三义，自古贤愚嘉一勤。"确实，今人欲在书法艺术上与日常操持毛笔的古人"血战"，殊为不易，唯有以勤筑基、以勤补先天之不足。傅舟在李斯《峄山碑》、李阳冰《三坟记》上用力甚多，并多方研习鼎铭金文。其书杜甫《登高》"无边落木萧萧下，不尽长江滚滚来"联和"纪念吕凤子先生自撰画画悲天"联，整饬而谨严，胡长春教授评价其"既保留二李篆书的风神，又有一种古雅、清俊而遒逸之美"。与篆书相比，傅舟的行书则自由灵动，小品《得意忘言》洒脱不羁，笔意在二王和苏米间；所书明康振《钓台》诗，则以形式的大虚大实、大开大合表现了诗歌"全蜀金汤重钓台"的雄浑激昂。

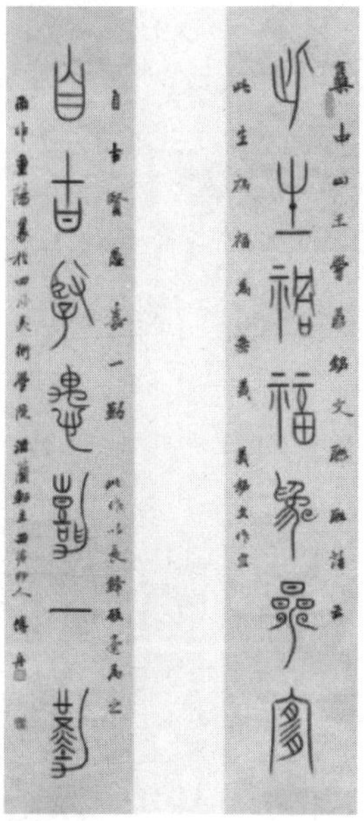

傅舟书"此生祸福为三义，自古贤愚嘉一勤"联语

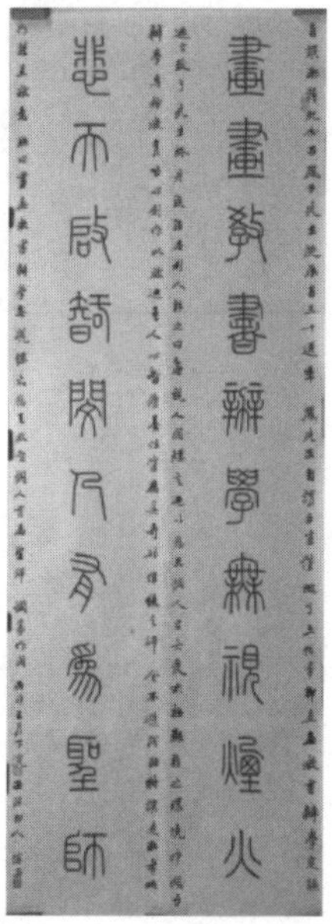

傅舟书"纪念吕凤子先生自撰画画悲天"联

傅舟书杜甫《登高》

傅舟书法小品《得意忘言》

傅舟书明康振《钓台》

傅舟的中国花鸟画，极大地展示了其作为书法家的优势。在中国画界普遍感叹“写意衰落”的语境中，傅舟的花鸟画自有其特别的价值，兼具了书家画笔墨和画家画造型之长。其所作牡丹、荷花、松鹰、梅、竹诸图，在精准的造型之外，最堪玩味的是具有书法性的丰富笔法。而《映山红花蜀中佳》《鼎盛春秋》等作品，则以近于几何式的结构和满幅式的构图，化任伯年、吴昌硕与张书旂之意而加入了对当下现实的感受。

傅舟的国画作品

《赏雨茅屋》

傅舟有一印《赏雨茅屋》，“赏雨茅屋”语出司空图《二十四诗品》，用于描述“典雅”之风格。所谓“玉壶买春，赏雨茅屋。坐中佳士，左右修竹。白云初晴，幽鸟相逐。眠琴绿荫，上有飞瀑。落花无言，人淡如菊。书之岁华，其曰可读”之境，不仅对当下的绝大多数人而言是望而不可及的“桃花源”，而傅舟，表面看来也似乎与此有些不搭界。这位满面春风、让旧雨新知都感觉亲切的篆刻家、书法家和画家，还是一位体育健将，其真诚、幽默、豪放的一面为人所熟知，但《赏雨茅屋》一印，却道出了他的另外一面：他的中文学习背景，他的细腻与沉静，他对古典美学精神的追慕。书、画乃心印，印章亦是心性之印。综观傅舟的艺术，大抵《映山红花蜀中佳》、《得意忘言》和《赏雨茅屋》，都是他的真实、他的不虚。

江上风清史留名
——彭聚星

夏雪
（重庆大韩民国临时政府旧址陈列馆）

云阳县地处长江上游，从置县至今，已有2300余年的历史，明洪武九年（1376）隶重庆府。浩浩长江由西向东，中分云阳县境，两岸群山巍峨，满目苍翠。奔流不息的长江，孕育滋养着云阳文化。

云阳飞凤山麓的张飞庙（又称张桓侯庙）天下闻名，与云阳县城隔江相望。船行江中，“江上风清”四个大字迎面而来，遒劲朴实，厚重有力。“江上风清”因张飞庙而蜚声于世，张飞庙也因这幅书法巨作而声名更盛，二者可谓相得益彰。自古山河壮丽孕风流，人杰地灵藏锦绣，如“江上风清”这等文人墨宝，必出自民风淳朴、钟灵毓秀之地。

身世

彭聚星，祖籍湖南，1854年生于夔州（今奉节），后迁居云阳。据《云阳县志》（民国二十四年版）记载，彭聚星自幼家贫，他曾请刘贞安[①]为其父彭绣联作墓志铭，对刘贞安提到“聚星少孤贫，赖两亲艰难教养。俾立身学道，以有今日……惟先大人墓地，当时以贫故，营度未尽周慎，不肖孤弗慊也……”。其父彭绣联的墓志铭中说彭绣联“少服先畴，既力田，不足自养，则去之近里新安坝从事贾区。公于化居，既非所习，又性平恕，不虞人欺，而乡俗顽鄙，凡泉货出入，恒貌忠信，叚（通‘假’）贷以去，簿券者积，无所取偿，遂失其资。乃移家云阳县西郭外，与其配袁太恭人，食贫力作，具历艰困……”彭聚星的父亲彭绣联种田养不活一家人，于是就去做点小买卖。但是彭绣联为人厚道温和，也搞不来尔虞我诈那一套，他常常把钱贷给那些貌似忠厚的人，结果债簿累积，却收不回贷出去的钱，致使资产损失，于是带着全家迁到云阳县西城外，与其妻子袁氏过着艰难贫困的日子。

① 刘贞安，云阳人，晚清进士，是我国现代书法大家刘孟伉的堂兄。刘孟伉15岁时师从刘贞安，得堂兄倾力教导，终成大家。

家境虽贫寒，彭氏夫妻却懂得读书的道理。彭绣联去世之前对妻子交代："吾生平志业不就，幸有子而才，当亢吾宗。即吾不幸，虽剧贫，不可令废学。"妻子袁氏"怆然诺之"。"太恭人拮据勤劳，至躬为人纫缀澣涤，得直以给朝夕，且资其子学。"（《云阳县志》卷二十二，民国二十四年版）。彭绣联告诫妻子家里再贫穷也不能让彭聚星断了学业，彭父去世后，彭母靠着给人缝补洗衣赚钱让彭聚星继续读书。 彭聚星也没有辜负父母的殷切期望，"竟力学有所成"。

中举

彭聚星是封建社会的读书人，从小接受的是传统文化教育。他自幼学习刻苦用功，对书法、绘画有着浓厚的兴趣，不仅学业有成，书画也小有名气，成为当时云阳县城有名的少年才子。彭聚星有着扎实全面的国学功底，从他后来的成就看，他的确称得上"才高八斗"。

清光绪十四年(1888)，彭聚星参加乡试中举，一举成名。

今人莫要看到"乡"字不以为然，乡试是什么规格的考试？中了乡试的读书人为何称为"中举"？举人又拥有什么样的社会地位？又为何称彭聚星为"才子"不为过？这要从科举说起。

科举制度是历代封建王朝通过考试选拔官吏的一种制度。由于采用分科取士的办法，所以叫作科举。科举制度始于隋朝，完善于宋朝，延续于明、清，废除于清末。经隋、唐、宋、元、明、清，历时1300余年，是历代封建知识分子跃身仕途的重要途径。

唐承袭隋代的科举制度，宋代增加了取士名额，并对唐代科举制度的弊端进行了改革，正式确立了解试、省试和殿试的三级科考制度，使科举制度更加完善。清代科举制度与明代基本相同，分为乡试、会试、殿试三级。古代读书人为了考取功名，其辛苦不亚于今天的学子从小学一直读到研究生、博士生的辛苦。尤其是明清两朝，从童生到状元，一般须经五个阶段。童生：不管年龄大小，未考取生员(即秀才)资格之前，都称为童生或儒童。但并不是说未考上秀才的学子都可以叫童生。根据明朝史书记载，只有通过了县试、府试两场考试的学子才能被称作童生。考取童生的考试称为童试。院试：由省学政主持，成为童生方有资格参加院试，考中的称为生员，俗称秀才。童试和院试只是预选形式，其后的乡试、会试、殿试才是正式的科举考试。

清代的乡试每三年举行一次，考试一般安排在八月进行，因此又称秋闱。乡试的主考官均由皇帝钦派。参加乡试的必须得是秀才。乡试考中了以后就称为举人，举人原则上即获得了选官的资格，实际上就是候补官员。我们时常能从旧时话本中看到"举人老爷"这个说法，科举时代，这是对举人的一种尊称。举人均可参加次年在京师举行的会试。乡试是科举制在省区范围内的组成部分，是进入会试、御试（殿试）的必要阶梯。

科举制度虽产生于等级森严的封建社会，但其公开竞争、平等择优的精神却具有超越封建时代的特性，是中国封建社会难得的较为公平的制度。

据统计，太平天国前，清朝有1741所官学，录取率仅为1%～2%。据《四川省志·教育志》记载，从顺治二年（1645）至光绪二十九年（1903），清政府在四川总共举行乡试106科，共考中举人7652名，而1876年起，四川省举人名额每科只有80名。[①]足见彭聚星能够参加乡试且中举，是相当不容易的。所以前面说他“自幼学习刻苦用功”“学业有成”丝毫不为过。要知道，封建时代秀才不是轻易能考取的，许多读书人六七十岁了还没能考中秀才，被称为老童生。梁启超曾经这样描述过科举的情况：“邑聚千数百童生而擢十数人为生员，省聚万数千生员而拔百数十人为举人，天下聚数千举人而拔百数人为进士，复于百数进士而拔数十人为翰林。”可见，彭聚星能够乡试中举，在当时绝对是能够开祠堂祭先祖，光耀门楣的大事。彭聚星“从此声名远播，不少名士争相前来与之结交”[②]。

据《云阳县志》记载，光绪二十年（1894）三月，彭聚星告别家人赴京会试，他在乘黄包车赶去考场的途中,因天雨路滑发生车祸，右手摔断。这对于即将参加会试的人来说，无异于人生重大挫折。如前所述，会试也是三年才有一次的“国考”，因在春天举行，故又称“春闱”，全国有资格参加的也只有寥寥几千人。

伤情耽误了彭聚星参加会试，意味着他要等下一个三年。对于此他自然是悲痛的，但他并没有一蹶不振，而是一面留京医治手伤，一面拜张之洞、翁同龢等书画名家为师研攻书画。张之洞乃晚清四大名臣之一，翁同龢更是光绪帝的师傅，二人皆工书法。名师指导下的彭聚星，即使在右手几乎拿不稳笔的情况下也咬牙坚持，书画水准在此期间大为提升，“断手彭聚星”的大名因而在京城不胫而走。[③]

此后彭聚星并没有一直留在京城，而是回到了云阳县。据《云阳县志》记载：“光绪丙申、丁酉间，岁凶民流，官绅醵钱粜米振之。有羡金若干，存富民家，靳不肯出。知县何承道去官，以属举人彭聚星。聚星重诺责，忿诘其人，始归公。购产岁入租谷四十一石（有田契及佃劵五纸，存收支所）。常平监仓、城厢社仓皆附县署。”（《云阳县志》卷十九《仓储》，民国二十四年版）这说的是光绪丙申（1896）、丁酉（1897）年间，时遇荒年，百姓流离失所，云阳地方官绅集资买米赈济百姓。余下的钱存放在一户富裕人家，这家人吝啬不肯拿出来。知县何承

① 四川省地方志编纂委员会.四川省志·教育志[M].北京：方志出版社，2000：84-86.

② 云阳县志编纂委员会.云阳县志[M].成都：四川人民出版社，1999: 1095.

③ 云阳县志编纂委员会.云阳县志[M].成都：四川人民出版社，1999: 1095.

道又要离职了，就推举举人彭聚星来处理这事。彭聚星是个重视承诺有责任担当的人，他气愤地去责问那家人，终于使这笔钱归公。其所购田产一年收租粮食四十一石（还有田契以及佃券等）。常平监仓和城厢社仓（社仓是旧时为防荒年而在乡社设置的粮仓）等均归属于县衙。

成为举人老爷后的彭聚星，可以见知县不跪，可以免除税赋、徭役，还可以领皇粮，领朝廷补贴，在地方上属于地位很高的人物。但他对云阳有感情，对乡亲知恩图报，信奉“自古驱民在信诚，一言为重百金轻”。 不是知县的举人彭聚星，在百姓危难时刻挺身而出，力所能及地救民于水火，显示了其书生本色。

拜官

光绪二十四年（1898），彭聚星终于经补考授国子监学正，后又改任学录。

国子监是中国封建社会设立的最高学府和教育行政管理机构。在国子监读书的学生称为“监生”。国子监不仅接纳全国各地的学生，还接待外国留学生，为培养人才，促进中外文化交流起到了积极的作用。学正和学录都是国子监所属学官：学正协助博士教学，并负训导之责；学录执掌学规，并协助博士教学。明代学正秩正九品，清升秩正八品。彭聚星至此算是当上了京官。

彭聚星曾参与《云阳县志》的编撰，领“学部主事”职衔。云阳有县志始于明嘉靖二十年（1541），清朝时修了两次县志，第一次是清乾隆十一年（1746），第二次是咸丰四年（1854）。据民国二十四年版《云阳县志·序》记载：“……民国六年，《四川通志》将续修，令各县先修县志。时知云阳县事者，霍山朱君铁如，设局始事。聘奉节刘贞安问竹为之理董。问竹以名进士，出宰印江，国变后，归隐云阳。平昔邃于史学，事例娴审，文笔渊懿，得力于范书尤深。遂与彭聚星云伯、甘作仪渐六、郭文珍聘初、石敬武仲模，从事编纂……”学部主事是什么品秩？学部是清末设立的中央教育行政机构，学部主事是正六品官职，也就是说，彭聚星升了官，由正八品升到了正六品。

但现实与彭聚星的理想相去甚远。他读书半辈子却进士落第，加之晚清官场腐败，国弱外侮，因而他一直郁郁不得志。所幸他书画双绝，更由于张之洞等人的提携而名满京师。据记载，“彭聚星书法先学颜真卿，后学褚遂良，入仕后拜张之洞为师，苦学数十年，功成名就，震动京城朝野”。他寄情于书画艺术，以书画会友，经常与书画名家交流。他一生好画竹石，还悉心收集金石、碑帖、书画珍品加以珍藏。光绪末年，彭聚星回归故里休养。

成就

彭聚星书法篆、隶、楷、草四体俱佳。他对指书也颇有研习，尤其擅长用行书、楷书书写对联。其运笔体现出"方圆兼备、瘦劲秀拔、结构疏朗"的特色，对联多为自撰，如"洗砚春波吟晋帖，添香夜雨和陶诗""画阁凌烟高标回日，金台论士紫府藏书"等。其草书以今草见长，形成了布局有气势、点画多变幻、运笔求奔放的风格；绘画多以石、竹、兰、梅入画，画作气韵生动。[①]他的主要作品现存于四川省博物馆、云阳张飞庙等地，其中以张飞庙居多。彭聚星一生自视清高，他将大量的作品赠予张飞庙，很少将作品卖与民间。张飞庙收集的数百名家的字画拓本、金石篆刻、碑文，他功不可没，现在庙内保存完好的大量石刻、木刻无不与他相关。

光绪二十五年(1899)，云阳县人民以张桓侯"久著灵应，有功于民"为由，"乞知县何承道据意详请四川督院奏准加入祀典，增封威显，并敕礼曹撰文致祭"。据《云阳县志·谕祭张桓侯文》(民国二十四年版)记载，彭聚星"曾三书其文，初为秦篆，次用唐楷，均有拓本行世，此则其最后所书也"。

光绪末年，彭聚星在云阳养病期间，常去张桓侯庙，与住持瘦梅[②]及何今雨相识，三人结下了深厚情谊。当时正值张飞庙新建落成不久，百废待兴，瘦梅上人请篆刻名家何今雨等在庙中篆刻金石书画，彭聚星惊其技艺，又感瘦梅待人之热诚，于是将自己在京收集的金石书画作品悉数交给瘦梅，请何今雨篆刻，几年时间即达数百通。在彭聚星等人的努力下，张飞庙变成了文藻胜地。

光绪二十八年(1902)冬十二月，明朝著名哲学家、教育家王守仁的《客座私祝》，由彭聚星"双钩上石"，何今雨篆刻。该石碑共3块，双面共6幅，每幅长154厘米，宽45厘米，每幅大字楷书3行，共计129字。此碑目前全国仅存2处，一是张桓侯庙，二是贵阳市扶风山文成洞。[③]

彭聚星对金石之作有着精益求精的追求。光绪二十九年(1903)，彭聚星拿出自己的珍藏本，请篆刻名家何今雨重刻岳飞书诸葛亮的前后《出师表》长卷。《云阳县志·重刻岳忠武书前后出师表长卷》(民国二十四年版)刘贞安题记："……癸卯春，同里彭云伯先生欲广其传，出旧藏袁本，属遂州何今雨重抚上石，庋之云阳张桓侯祠……"开工不久彭聚星"即外出游冶并拟返任，遂请瘦梅、刘贞安监工"，途中，彭得知岳飞书诸葛亮前后《出师表》长卷在河南开封另有精

①云阳县志编纂委员会.云阳县志[M].成都:四川人民出版社,1999: 1095.

②瘦梅(1837—1903)，张桓侯庙主持。俗姓崔，讳宪然。瘦梅雇请何今雨等名篆刻家将来桓侯庙的游客留下的墨宝或刻石或刻木，使得桓侯庙名人书画剧增。

③云阳县志编纂委员会.云阳县志[M].成都:四川人民出版社,1999:955.

拓本，几经周折重金购得后邮回张桓侯庙，请何今雨参照重新精拓精刻。[①]

何今雨同瘦梅“两人不惜年迈，夙夜操持，尽心竭力”[②]刻成长卷。而何今雨因操劳过度不久即谢世，瘦梅也随后圆寂。彭聚星闻此噩耗，难掩哀痛，“白发归来，一舸渡江，徘徊禅榻，无可与语者，对此古祠黄树不觉涕泗之横流也”[③]。彭聚星因此亲撰《瘦梅上人墓碣》并书：“桓侯庙，依飞凤山麓，在大江上，为云阳县胜地。亭阁壮丽，有泉石花竹，足供游览，故香火最盛。凡樯帆上下往来兹山者，无不颂瘦梅上人之贤。瘦梅……受戒律于觉先禅师，主桓侯庙四十余年，足不履城市，暇则焚香诵经而已。同治庚午，庙倾圮，付洪流，仅余正殿数楹。上人锐志修复经营，凡几历寒暑，始终其事，不辞劳勚……”（《云阳县志·瘦梅上人墓碣》，民国二十四年版）。

1911年8月，四川保路运动已开展得轰轰烈烈，彭聚星与四川籍在京为官的翰林院编修贺维翰等49人，联名上书朝廷“吁恳天恩迅饬岑春煊[④]星驰赴川，以定人心而挽危局”，结果不了了之。辛亥革命后，彭聚星拒绝接受国民政府京师图书馆的聘请，以“清遗民”自居，将所收藏的书籍诗画金石等运回云阳，以诗文、书画、金石交朋会友，自欢自娱。云阳逐渐形成了以彭聚星为首，刘贞安、郭文珍、刘丕承等众多名士加盟的诗书群体。

彭聚星还为云阳县的学宫亲书了《云阳大成会记碑》，碑文云：“孔子之祀遍天下，自京师至于郡县，皆立庙；自天子至于郡县吏，皆升降拜跪于庭阶。《礼》所谓‘凡有血气(者)，莫不尊亲’者也。然惟春秋仲月，牛羊黍稷，钟鼓羽籥，肃将乃事。若生日，则祀典阙如，仅老师、夙儒与莘莘学子，私祭于家塾、党庠而已……云阳县学宫大成会，始于光绪二十五年。时会理金位坤为云阳训导，捐廉俸倡之；廪贡生甘作仪、武生潘忠仕继其事，以其子钱供祝嘏酒醴香帛之直。不足，辅以宾兴卷价银三十两……历载弥年，所积已巨……奉节彭聚星记，并书。”（《云阳县志》卷二十二,民国二十四年版）文中记述了云阳学宫大成会的来历，以及经费来源等事。虽不能确定彭聚星写《云阳大成会记碑》具体是哪一年，但从文中可知大抵是20世纪初。(编辑注：该碑文末有“岁在屠维协洽余月，奉节彭聚星记并书”句，据此可确定其书写的具体时间为1919年4月)。

民国初年，彭聚星亲书流传后世的“江上风清”四个大字，字径约2米，铸刻于张飞庙内结义楼外的临江山墙上，几里外清晰可见。“江上风清”乃彭聚星得意之作，专家研究认为，“江上风清”出自苏轼《前赤壁赋》“惟江上之清风，与山间之明月，耳得之而为声，目遇之而成色，

---

①云阳县志编纂委员会.云阳县志[M].成都:四川人民出版社,1999:1095.

②云阳县志编纂委员会.云阳县志[M].成都:四川人民出版社,1999:1094.

③云阳县志编纂委员会.云阳县志[M].成都:四川人民出版社,1999:1094.

④清政府当时任命岑春煊为四川总督，而岑未赴任。

取之无禁，用之不竭”，可惜彭聚星这幅传世巨作在“文革”时被毁，现在的“江上风清”四字，为今人仿写。

癸丑年(1913)，彭聚星、刘贞安等人主持重刻了汉《刘爽碑》，《重刻汉刘爽碑》有彭聚星识：“西京石不易得，刻之又可增寿千祀矣。癸丑十月既望。夔门彭聚星识。”(《云阳县志》卷二十二，民国二十四年版)，现藏于张桓侯庙。同年，重刻蜀汉碑《八濛摩崖》，现藏于张桓侯庙。碑文22字，彭聚星在碑尾跋文83字。

丁巳年(1917)三月，彭聚星主持重刻了汉《张表碑》。《重刻汉张表碑》碑首有说明文字：“按：此碑原名久佚，近世宜都杨惺吾守敬从旧拓装本双钩刻木，为激素飞青阁藏碑之一。隶法恬适渊永，貌若平易，而结体运腕均有味外之味，挹之无尽。在汉石中别具丰裁，诚逸品也。彭云伯先生极重此碑，乃从杨本转摹入石，并跋其尾，置县南张侯祠。”碑尾有彭聚星跋文：“《张表碑》在汉隶中最为深远朴厚，世鲜传本。兹从杨氏激素飞青阁本钩出重刻之。不知世人但重《乙瑛》《曹全》诸碑，何也？丁巳三月，彭聚星云伯跋。”此碑现藏于张桓侯庙。

同年十月，彭聚星主持重刻了苏轼所书大字前后《赤壁赋》长卷。他在《重刻苏文忠书大字前后〈赤壁赋〉长卷》中记云：“东坡先生书，吾蜀传刻绝少……且两赋书于元丰六年十月二十四日，此石亦以民国六年十月二十四日蒇事，岁时月日，若合符节，良非偶然。丁巳十有一月，夔门彭聚星云伯。”(《云阳县志》卷二十二)。该刻现藏于张桓侯庙。

另外，彭聚星还曾拿出自己珍藏的善本唐韩伯庸《幽兰赋》供张桓侯庙重刻，由瘦梅监工，何今雨篆刻。如此种种，不复赘述。

晚年，彭聚星除继续经营张飞庙的金石篆刻、制作大量书画精品留与张飞庙珍藏外，还先后在盐渠桥、彭氏宗祠①等地留下不朽的墨宝。云阳的彭氏宗祠至今还保存着彭聚星等近代渝东著名书画家的书画篆刻作品20余幅；张飞庙内现存彭聚星亲书字43幅，画23幅，跋12处。②

云阳，物华天宝之地，育养了彭聚星等人品厚重，才华横溢的风流人物，为重庆文化的繁荣奠定了厚重的基石，为中华文明的传承和发扬立下了不世之功。

① 彭聚星与云阳的彭氏宗祠并无关联。云阳的彭氏宗祠是清乾隆年间湖北人彭光奎逃难到云阳定居后，由其子彭宗义所建。

②云阳县志编纂委员会.云阳县志[M].成都：四川人民出版社，1999：956.

艺苑

《点滴烟云》 油画 仲清华(北京)

《傍水人家》 油画 王英凯（浙江）

《厚土No.2》 雕塑 孙闯（重庆）

《画江南》系列之一　油画　宋永进（浙江）

《画室一隅》 油画　周锪（湖南）

《龙潭遗韵》 中国画 萧家渝(重庆)

《山高云淡》 综合材料 田福新(浙江)

《书圣故里》 油画 顾华平(浙江)

《台湾光复纪念碑》 水彩 曾扬华（重庆）

《吴道子——地狱变相图》 油画 李根（上海）

《小镇》 钢笔画 向以桦（四川）

《英吉莎老爹》 油画 海阳（北京）

《橱窗之一》 油画 赵康（江苏）

《春天不会迟到》 油画 李自舟(湖北)

《寂静的乡村》 油画 沈雄伟（浙江）

《杂花图卷之暮光之城》 油画 王磊（山东）

《邻家莺语慕春光》 油画 肖家墨（湖南）

《相伴》系列之一　水彩　谢娜（浙江）

《雅园之二》 水彩 阎云泉（浙江）

《静静的河床》 油画 王海涛（浙江）

登高涉远 负重自强

——《傅德岷文集》总序

周勇

《傅德岷文集》出版了，这是重庆文艺和社会科学领域的一件大好事。重庆市文化和旅游研究院刘德奉院长和傅德岷先生嘱我作序。傅先生是我的前辈，以我的资历、人望、学识，都是不敢承担这件事的。我体会，这是他们给我的一次读懂傅德岷先生的机会。傅先生的书，我读过一些，我们还一起编过几本书，但有些专业书我还没有读过。今年春天因疫情而宅家，于是，我恭恭敬敬地通读了这皇皇十二卷大书，获益多多。

《傅德岷文集》为我们展现了这位在巴蜀文化的滋养中，在重庆历史文化的沃土里辛勤耕耘，艰难跋涉，探索前行者的人生历程。

他历时十年，爬罗剔抉，从散文学的角度建立起散文艺术的理论框架，从纵的方面对基本理论问题追本溯源，从横的方面与外国散文进行比较，以探寻中国现代散文发展的规律。他以现代观念烛照传统理论，提出新的整体性认识，写成《散文艺术论》及《中外散文纵横论》。海内外学界称之为"一座散文艺术的博物馆"和"傅氏理论"，使学界第一次有了散文理论体系的中国表达。

他历时30余年，专注于散文流变的历史研究，撰成《中国古代散文流变史稿》《中国现代散文发展史》《外国散文流变史》《巴蜀散文史稿》，第一次展现了中外散文发展、流变的历史。其文化性、创新性、系统性、简洁性，也改变了中国文学研究只重诗歌、小说、戏曲，而散文研究较为薄弱的局面。

他从学生时代开始，历时半个世纪，创作了小说《魂荡华蓥——"双枪老太婆"前传》《脊梁——保路护国草莽英雄传奇》，传记文学《方志初祖——常璩》，纪实文学《砥柱中流——大韩民国临时政府金九主席在重庆》。这四部长篇文学著作为读者呈现了浸透着巴蜀人文血脉及重庆城市精神的群像，展现了他以彰显巴蜀重要历史人物为特色的文学创作道路。

他在教育战线上辛勤耕耘40余年，承大师栽培，得“学高为师，身正为范”之精髓，重视学生品德教育，钻研教学方法，推进教学改革，总结出“四步作文教学法”，为本、专科生讲授“基础写作”“学术论文写作”“外国散文选讲”“现代散文欣赏”，为硕士研究生讲授“散文艺术论”“中国现代散文史”“外国散文史”“中外散文研究”等八门课程，成就无数学子。他主编的《汉语写作》《普通写作学》《写作初步》等曾作为高校教材。他主编的《写作基础教程》已出版20余年，仍为全国多所高校采用。

他60多年“忍韧”奋斗的历史，是最为励志的人生故事。他把自己的书房命名为“忍韧斋”。他说：“忍者，在治学道路上甘于淡泊，甘于寂寞；韧者，在事业的追求上百折不挠，努力不懈。”他就是走着这条艰辛的路。他出身贫苦农家，在旧社会因抗争而被富家子弟打伤致残，从此发愤苦读，立志成才。在新中国的阳光下，他博览群书，考上大学。但终身的伤残给他带来常人难以想象的痛苦，他曾以残疾之腿，在阴雨绵绵、山路泥泞中，踽踽独行于川北华蓥山乡下，只为完成“双枪老太婆”主要原型陈联诗弥留之际的嘱托，为先烈谱写忠魂；他曾以残疾之身站立讲台几十年，传道授业解惑，尽显师者品格与风范；他在晚年更是拄着拐杖，应邀走出国门，登上国际学术讲坛，发表学术讲演。他有一首自勉诗：“生小农家已惯贫，更遭凌辱致残身。明时喜有书山路，长夜勤探学海津。把笔何能夸得髓，诲人岂敢诩传薪。毋忘党教与师训，‘天命’尤思报国情。”他尽到了一个师者、学人的本分，更为今天的师者、学人树立了一个楷模。

我知道傅德岷先生的名字很早，但真正与他相交、合作却是最近30年的事情。他始终活跃在学术研究领域里，为文、编书、演讲、交流，其文辞和风范让我肃然起敬，进而亦师亦友，联袂同行。2002年，我的《重庆通史》出版，傅先生作《煌煌巨著开新元——简评〈重庆通史〉》，鼓励我这位后学继续在重庆史研究上砥砺前行；2009年，我们首度合作主编《重庆读本》，通过古往今来名人大家关于重庆风物的经典之作和名篇佳什，从历史和文化的角度挖掘重庆深厚的历史文化内涵与城市精神。当时我行政事务较多，老先生已经70多岁高龄，但他完全没有架子，更是不顾年事已高，承担了许多本该由我负责的主编工作。这部书被称为重庆版的“经史子集”、《古文观止》。2016年，我们再度合作，主编《记忆重庆》。80岁高龄的老先生思维依然敏锐，创新创意无数。我们在《重庆读本》的基础上，突出文学性、文献性、新颖性、国际性、全面性，精选出古今中外的两百名人名家的三百名篇名作，编成《记忆重庆》一书。该书全面展示了以巴渝文化、三峡文化、移民文化、抗战文化、统战文化、革命文化为主体的重庆历史文化体系，被誉为重庆文化基因的解读文本。如今，我们又第三度合作，编纂《先声》一书，精选近代以来，尤其是在中国共产党领导下实现中华民族伟大复兴中国梦的伟大征程中，那些先人的大音、先烈的宏声、先贤的哲音，以纪念中国共产党成立100周年。

习近平总书记要求文艺和社会科学工作者，要坚定文化自信、把握时代脉搏、聆听时代声音，坚持与时代同步伐、以人民为中心、以精品奉献人民、用明德引领风尚。这是党和人民对文化艺术和社会科学工作者的殷切期望。傅德岷先生集文艺与社会科学于一身，这部《傅德岷文集》为我们展现了这位老学者登高涉远、负重自强，焚膏继晷、兀兀穷年的精神风貌。他的道路就是党和人民要求的道路，他的精神值得称赞，他赢得了我们这个时代的尊敬。

曹操在《观沧海》里写道："日月之行，若出其中。星汉灿烂，若出其里。"言为心声，只有独具宏伟抱负的人，具有建功立业雄心壮志的人，具有对前途充满信心的人，才写得出这样壮丽的诗境。这在今天，就叫"尽力而为"。他在《龟虽寿》中写道："老骥伏枥，志在千里。烈士暮年，壮心不已。"这用今天的话来说，就是"老有所为"。

这些话用在傅德岷先生身上，再合适不过了。

是为序。

杨丽萍与《春之祭》

肖钢

在音乐舞蹈界,《春之祭》一直是一个谜一样的存在。音乐界伊戈尔·斯特拉文斯基和舞蹈界尼金斯基两个天才的合作开了现代舞台艺术审美的先河。世界各国的优秀舞者站在巨人的肩膀上,纷纷演绎自己对这个作品的理解,似乎不这样做,就不够成熟。

《春之祭》初演时,曾遭到观众的强烈反对,它的原始性,混乱、狂野之美,给了古典艺术很大的冲击。纵观历史,很多优秀艺术家在成长过程中也往往会经历类似的被别人批判和指摘。对此,他们中的很多人选择默默等待,等待那个最好的自己出现。挺过来的人知道,唯有自己创造自己,自己成就自己,奋力一搏,才能成就艺术史中的经典。

这就是艺术家成长的过程,也是艺术成长的过程。这种让自己更加优秀的执着使一些舞者变成了艺术领域里的苦行僧。艺术家需要经常与经典对话,这不仅是灵魂上的惺惺相惜,也是艺术家传承艺术的责任感,这份责任充满了荣耀。杨丽萍积极参与这样的对话,她参与的方式与自己的成长环境有关,是神秘的、优雅的,有着她传统的舞蹈语系。

杨丽萍总是这样说:"艺术是我的宿命。我身体里有一股力量,我抓住它,就得救了。"杨丽萍对舞蹈有着一种执着的追求,她希望在这个追求的过程中把自己的人生态度、价值观念融进去,烙上自己的印记。所以杨丽萍的作品不管是《孔雀》也好,《孔雀之冬》也好,都有滤尽人间之苦的用意。杨丽萍讲究的是生命的轮回,宇宙的循环,为万物谋安乐,为己身度众生,这也是杨丽萍《春之祭》的创作动机。

杨丽萍的人生观、道德观、价值观是东方式的,这种东方式的宗教观和哲学观是处于自然状态的。杨丽萍在与命运抗争时,极为豁达、开朗,她的这种人生态度与西方的悲观哲学思想有很大的不同。她没有原罪感,不需要忏悔,也不需要被动地献祭。杨丽萍的献祭方式是主动的,是以小我换取大我。她在消除生命中各种欲望的同时,完成了生命的禅修,这点和原版的《春之祭》有很大的不同，也和原版的一些思想模仿者有本质上的不一样。

凤凰涅槃的概念不仅在杨丽萍的《春之祭》中存在，在多年前的《云南映象》中也有，重新建立一个纯洁的世界一直是杨丽萍的心结。杨丽萍在作品里遥望、凝视、沉思，她知道，“要想获得美好丰盛的‘春天’，必然要有灵魂的觉悟，必然要穿越幻象，必然要经历痛苦，而后，才能脱胎换骨，才能涅槃重生”。

杨丽萍在作品中采用的素材，正是来源于自己生活的那片土地和自己内心的感悟。在开幕前、开幕中及结尾处，一个虔诚的喇嘛，一直在人群中默默地传递着老祖宗留下的词语。这是我们的祖训，我们的教规，我们信奉的誓言。它让舞者用虔诚献祭舞台，用极致超越宿命，自我修行，自我牺牲。杨丽萍的《春之祭》在向经典致敬的同时，展开了她自己内心独特的献祭。

优秀艺术家的舞蹈语言，可以倾诉他们的感情。他们对事物的敏感度总是超越常人。他们可以凭着自己的直觉和天赋，将自己与同伴区分开来，抓到事物的本质。

与其说杨丽萍在前人的艺术作品上展开了联想，还不如说她的生活经验和艺术经验在她的探索中发挥了作用。她的天赋和趣味，散发着独特的光彩。而她在艺术作品中表现出来的独特之处，乃是其气质中的浪漫部分，它可以游离于平凡的生活，鼓舞和引领着大家。斯特拉文斯基和尼金斯基在《春之祭》中的试验与杨丽萍在这个作品中的试验殊途同归，他们都有很好的艺术直觉，都完成了一次自我的挑战。

杨丽萍在舞蹈中对意志和力量的追求，让人印象深刻。那种个人的发人深省的力量，有着哲思的特点和生命神秘的意味。剧情的结构与思想的结构是融为一体的，而表达的方式有着杨丽萍惯有的精美细腻的特点。

艺术的成长与人生的成长有关，纵观杨丽萍的思想和艺术的发展过程，可以清楚地看到，她完成了自己逐步成长，“由小变大”，由弱变强，由“个体向集体转换”的过程。在这个过程中，杨丽萍一直是乐观的，不管遇上了什么样的坎坷，她总会奋力拼搏，不屈不挠，所以她才能成为引领我们的一面旗帜。她的这种精神在被放大，她的艺术理想得到了很好的实现。一个有着赤子之心、梦想之心、超越之心的人，人生自然不俗。

杨丽萍版的《春之祭》不仅得到了著名音乐家何训田的支持，背后还有一个杰出的团队，我认为有必要把他们亮出来。这个团队包括世界知名视觉艺术家、奥斯卡最佳艺术指导奖获得者叶锦添，英国剧场投影设计大奖——“光明骑士奖”获得者、灯光设计师法比亚娜·肖碧莉，著名舞台创意制作人法鲁克·乔德里、王炎武，文学总监梁戈逻。还值得一提的是青年舞蹈家小金花和大朱，他们很有魅力地表现出了杨丽萍的思想。

在这里我想多说几句有关杨丽萍的替演者小金花的话。她算是杨丽萍的接班人之一。这个才艺超群的青年舞者和杨丽萍一样是白族人，来自云南大理。同杨丽萍一样，她也没接受过学院派的教育，但她凭着惊人的毅力，不断学习，不断超越自己，让自己走上了世界的舞台。她是一朵艳丽的生命之花，开放在舞台，成为一个耀眼的“献祭者”。

什么东西能永恒存在？我想是我们杰出的思想。杨丽萍本人和她的团队向我们传达出的思想散发着永恒的魅力之光。当我看到久久不肯离去的观众，听到他们热情的掌声，我相信，经典的艺术就像星辰永远璀璨，这就是我观看《春之祭》最深的体会。

浅谈抗"疫"童谣创作

戚万凯

被古人称为"小儿语"、"孺子歌"、没有音乐伴奏的"徒歌"童谣，在新时代焕发出旺盛的生机与活力，可谓"小童谣，大社会；小童谣，大能量；小童谣，大智慧"。

自2020年新型冠状病毒感染的肺炎疫情发生以来，广大童谣作者积极行动起来，以高度的使命感和责任感，用童谣作武器同来势汹汹的病毒进行斗争，为打赢疫情防控阻击战发挥了重要作用，充分体现了"小童谣，大社会；小童谣，大能量"的特点。童谣并不好写，尤其是抗灾时期的时政童谣更不易写好，容易写成顺口溜、打油诗等宣传品而非思想性、艺术性相融合的艺术品。优秀的抗"疫"童谣也体现了"小童谣，大智慧"的特点。

从目前全国各地的抗"疫"童谣来看，有的作品写得不错，不但主题鲜明、内容集中、短小精悍、生动形象、富有童真、朗朗上口，而且积极健康、能量充足、情感充沛，催人奋进，令人鼓舞，给人希望，为打赢疫情防控阻击战注入了信心与能量。但许多作品也不同程度存在着值得注意的问题。笔者在此谈谈自己的一些粗浅看法，以就教于方家。

抗"疫"童谣创作，具体来说要注意"八要八不"。

一、从政策来看，要清醒不迷糊

创作抗"疫"童谣政策性非常强，不能随心所欲表述，特别是涉及有关具体规定更不能出差错。因此，创作前必须通过电视、广播、报纸、网络新媒体了解中央有关重要会议精神和上级指示要求，及时跟进了解疫情防控进程，全面了解准确掌握有关政策规定及变化。比如新型冠状病毒肺炎的简称就较混乱。2020年2月8日，国务院联防联控机制新闻发布会发布通知，将新冠病毒感染的肺炎暂命名为"新型冠状病毒肺炎"，简称"新冠肺炎"。然而，童谣作品中称"肺炎"的有之，称"冠状病毒"的有之，称"冠状"的亦有之。这些称谓都不准确。

此次疫情是危害性非常大的疫情。新型冠状病毒是肉眼看不见的，与之较量是一场看不见硝烟的战争。为了有效阻断病毒传播，疫情期间对外出、聚会等活动都有严格规定。童谣创作也应遵守这些疫情期间的特殊规定。有首《去武汉》这样写道："小竹竿，当马骑，/唧唧唧唧去哪里？/不去大上海，/也不去广西。/戴上小口罩，/身穿防护衣。/要到武汉防疫地，/看看白衣女阿姨。"这首童谣主题是好的，艺术性也不错，可就是"要到武汉防疫地"，不符合一般人不能随便进入武汉的规定。

二、从容量来看，要写小不写大

童谣容量不能太多太杂，要简单明了，否则孩子们记不住。内容一多，句式受限，极容易写成宣传品式的顺口溜，缺乏艺术性。请看童谣《防疫情》："新冠状，/疫情泛。/举国人，/莫慌乱。/待在家，/观疫情。/不乱跑，/不聚餐。/打喷嚏，用肘掩。/勤洗手，/勤通风。/戴口罩，/防传染。/不传谣，/科学观。/除病毒，/保安全。"此童谣采用三字式，形式很好，朗朗上口，但好的形式还要有适合的内容。作品一开始就犯了名称不准确的毛病，而且其内容十分繁杂，有心理疏导的要求，有待在家不聚餐的要求，有养成良好卫生习惯的要求，有做好防护工作的要求，有遵纪守法维护稳定的要求，众多内容在一首作品中表现，势必蜻蜓点水，成为顺口溜。顺口溜用于宣传倒不错，但作为童谣却缺乏集中的主题，显得空泛。如果认为其中的内容都有必要写，可以从不同角度，将每个要求单独写成一首甚至若干首，恰似同题童谣创作，形成系列，而且尽量写新、写活、写美、写出彩，每首童谣均有其特色和亮点。重庆卢光顺《消毒》："喷雾器，张小嘴儿，/'呼呼'喷出消毒水儿。/消毒水，有本事儿，/灭掉病毒一堆堆儿。"作者很聪明，没有泛泛写如何消毒，而是采用拟人手法和儿化音方式，描写喷雾器和消毒水的功能和作用。叠词"呼呼"和"堆堆"用得好，一个是听得见的忙碌，一个是得到的成效。这首童谣热情歌颂了喷雾器和消毒水的本领，对于提振人们的精气神，进行疫情防控，有着积极作用。

三、从对象来看，要重民不重吏

童谣要以一定的人和事物作为创作对象。写谁呢？治病救人可写医生，群防群控可写干群。但注意的是，最好写群体，不写具体个人。有的作者可能会问：爸爸妈妈不属于个人吗？我说的个人是指具体的有名有姓的人，不是指如爸爸妈妈这类泛称。指名道姓歌颂某人，笔者认为不妥。抗"疫"童谣中就有一些作品属于此类。指名道姓歌颂领导是个人崇拜在文艺作品中的表现，作为写给低幼儿童欣赏的童谣，更不宜将政治新闻内容直接作为创作素材。

四、从画面来看，要具体不抽象

童谣属于幼儿诗歌，是文学的一种样式，必须形象化，生动化。创作中不用抽象语言和思想方式，否则，枯燥无味，毫无美感，难以引起读者阅读兴趣，达不到创作目的。童谣《中国必胜奔小康！》："黄鹤楼上登斯楼，/不尽长江尽风流。/救死扶伤金银潭，/火神山拔地建房。/同心协力同抗击，/妙手回春举国庆。/武汉封城党指挥，/中华儿女不彷徨。/天大灾难我不怕，/中国必胜奔小康！"一、二句与主题无关，用的是文言文，成人化倾向十分严重，后面的内容有的笔者看不懂，有的用"救死扶伤""同心协力""妙手回春""中国必胜"等成语或政治口号，空洞无物，空表决心。《抗"新冠"》："白衣天使上征途，/众志成城抗病毒。/人民团结一条心，/力挽狂澜绘新图！"同样犯了这个毛病，是政治术语的堆砌，毫无美学价值，更无童谣独特的童真童趣。抗"疫"童谣作品，许多反映不出家门防感染，从知识来说是对的，但叙述多描写少，如《防疫歌》："新型肺炎不可怕，/我们定能战胜它。/响应号召少出门，/阻隔病毒靠大家。"笔者也创作了同题材童谣《防弹衣》："瘟疫来了不着急，/我有一件防弹衣。/防弹衣，在哪里？/就是我家小房子。/天天藏在小房子，/保护我来保护你。"我只字未提不出家门，但不出家门的好处，却在"防弹衣"比喻中体现了出来，形象生动又准确。既然防弹衣能"保护我来保护你"，那就乖乖待在家吧。

五、从手法来看，要写实不写虚

童谣作家是人类灵魂工程师。文艺作品必须讴歌真善美，帮助孩子们扣好人生第一粒扣子。而真，既有生活真实，也有艺术真实。即使是虚构作品也来源于生活，必须真实可信，因为它是现实生活的艺术反映，是浪漫主义的表现。童谣这一文学样式，本来允许而且需要更多虚构成分，运用童话式角色和场景，表现孩子们丰富多彩的现实生活与孩子眼中形形色色的大千世界，但具体情况要具体分析。笔者认为，抗灾救灾主题的时政童谣创作，却不宜太浪漫化、童话化，不能将低幼童谣中常见的鸟兽虫鱼等主角，机械照搬作为抗灾救灾主题童谣中的主角，那样缺乏真实性，不严肃庄重。它们无论是在形象或功能上，都无法承担抗灾救灾这一重大主题。灾难面前，唯有人能胜天。

六、从意境来看，要创新不守旧

文学艺术作品，要融入作者的情感、思想和审美。文艺作品最忌讳机械地记录生活、照搬生活。优秀的艺术品源于生活又高于生活，在占有大量素材的基础上选择、提炼、创新，创造出令人陌生又熟悉的形象和意境，出乎意料又在情理之中。在抗“疫”童谣中，防护工具口罩是常见的题材。《戴口罩》：“爸妈戴口罩，/我也戴口罩。/防疫戴口罩，/病毒不侵扰；/抗疫戴口罩，/把病毒赶跑。//你也戴口罩，/我也戴口罩。/防疫戴口罩，/你我要做到。/抗疫戴口罩，/你好我也好。”全文60字，出现8个口罩，太单调，浪费词语，毫无新意，“把病毒赶跑”也不符合实际，夸大了口罩的功能。而重庆吴昌烈的《口罩》不一样：“大口罩，四四方，/我们把它戴脸上。/嘴巴鼻子安上门，/挡住病毒保健康。”全诗27字，不但描绘口罩形象，交代佩戴位置，而且打了一个形象准确的比喻，就将口罩的作用说得清楚明白，通俗易懂，易记易诵。有的作者采用故事性童谣的形式，真实有趣。江西王军的《乖弟弟》写道：“家里东西已吃完，/奶奶出门去买菜。/小弟弟，拿口罩，/呼哧呼哧赶过来。/‘外面病毒在捣乱，/奶奶口罩别忘戴。’”这不是简单叙述，而是生动描写，有人物，有情节，有动作，有语言，有老人的勤劳和遗忘，也有孙辈的孝心和关爱，画面感很强。特别是“呼哧呼哧赶过来”，将孙子的着急心情表现得淋漓尽致，让人如闻其声，如临其境。

七、从角色来看，要守正不颠覆

童谣创作，无论是题材、手法、意象，还是语言、形式，都必须有所创新，才能令人眼前一亮。但创新绝非异想天开，胡乱想象。倘若颠覆传统的、大众公认的审美或形象，特别是正面角色和反面角色，进行所谓的创新，一般情况下效果就成问题。

如颠覆孙悟空形象。童谣《叫它动也不敢动》写道：“病毒就像孙悟空，/七十二变显神通：/偷偷溜进我嘴巴，/悄悄钻进我鼻孔。/医生摇身变如来，/病毒控制手掌中。/顺手压在五指山，/叫它动也不敢动。”你看，作者将病毒比作七十二般变化的孙悟空，佛祖如来把他压在五指山下，就严重歪曲了孙悟空的英雄形象。孙悟空形象有三个主要特征：首先，他敢于斗争，具有藐视一切封建权威的叛逆精神；其次，他具有鲜明的爱憎，他仇恨一切兴妖作怪、残害人民的妖魔鬼怪，对受苦受难的群众和一切善良的人们有着浓厚的感情；再次，他具有超凡的智慧、卓绝的才能、洞察一切的眼力和清醒的头脑，火眼金睛和金箍棒是他的绝配，他总是无往而不胜。因此，毛泽东在《七律·和郭沫若同志》中写道：“一从大地起风雷，便有精生白骨堆。僧是愚氓犹可训，妖为鬼蜮必成灾。金猴奋起千钧棒，玉宇澄清万里埃。今日欢呼孙大圣，只缘妖雾又重来。”上述童谣明显颠覆这一形象，正面的英雄孙悟空成了反面的害人妖精，读者情感上是不能接受的。

又如颠倒猫鼠形象。在文学形象中，猫和鼠分别是正义和邪恶的代名词，常将小偷比作鼠，警察比作猫，才有猫捉老鼠的故事发生。请看《躲猫猫》："鼠年到，/躲猫猫。/聚会聚餐先取消，/串门拜年也不要。/游乐场所不玩闹，/大街小巷不乱跑。/藏在家里错不了，/不让大猫来找到。/等猫一走掉，/任你去逍遥。"作品中"聚会聚餐先取消"等做法是对的，可减少接触感染病毒的机会，但作者将人比作胆小的鼠，将疫情病毒比作机灵的猫，就大错特错了。哪有丑化自身美化敌人的呢？另一首《神猫医生》："病毒变成猫，/捉百姓为鼠。/医生不让病毒变成猫，/不让百姓变成鼠。/医生变成猫，/捉病毒为鼠，/病毒不会再像猫，/百姓不会再像鼠。/神猫医生大围剿，/护佑人人迎暖春。"作品形象更为混乱，一会儿病毒是猫，一会儿医生是猫，一会儿百姓为鼠，一会儿病毒为鼠。猫鼠角色定位出现偏差，作者情感出现问题，爱憎不分，是非不明，作品的思想性和艺术性大打折扣。因此，创作之前，应熟悉对象的角色定位，遵循约定俗成的传统，切莫随心所欲进行颠覆，否则，注定要失败。

八、从作用来看，要示强不示弱

时政童谣的功能，就是配合当下的中心工作，为社会特别是祖国的花朵提供正能量，引导他们关注社会、关心人类，培养爱国为民的家国情怀。抗"疫"童谣创作尤其要做到这点，否则，便不会受到欢迎，难以发挥作用。《我不喜欢小狗狗》写道："我不喜欢小狗狗，/到处拉屎味很臭。/吃的比我还要好，/出门还要抱着走。/被它咬伤要打针，/传染病毒是源头。"作品与抗"疫"无直接联系，即使被疯狗咬伤，感染的也是狂犬病毒而非新型冠状病毒，因此，作品主题不对，缺乏力量。许多作者意识到这点，创作了许多优秀作品。如《重庆日报》上刊载的王小平的《妈妈今天要出征》："年夜饭，热腾腾，/妈妈今天要出征。/我抱妈妈不松手，/爸爸含泪不出声。/妈妈笑着亲亲我：/'打完怪兽回家门。'"武汉新冠肺炎的疫情发生后，全国各地派遣大批医护人员奔赴重灾区武汉，舍小家为大家，其救死扶伤的大爱精神值得崇敬，其舍生忘死与病魔殊死搏斗的大无畏精神值得讴歌。全诗不长，但"打完怪兽回家门"的誓言掷地有声，令人感动，给人希望。天津范永昭的《我家小药店》写道："我家小药店，/为啥人人赞？/口罩不涨价，/买五还送三。/不是爸和妈，/经商脑子慢。/国家有困难，/无私做奉献。"作者紧紧围绕疫情期间爸妈经营的自家药店销售紧俏商品口罩，热情赞美爸妈"国家有困难，无私做奉献"的美德，"疫情无情人有情"的良好风尚就在"口罩不涨价，买五还送三"的细节中得以真实生动地体现。倘若不写具体的人，写防护治疗工具，也要体现其在抗"疫"中的独特作用。辽宁纪凯的《口罩和针头》："小口罩，捂鼻嘴儿，/严防细菌钻进门儿。/小针头，打药水儿,/杀灭病毒坏‘小鬼儿’。/口罩针头去救人儿,/防病治病得红旗儿。”全诗采用拟人手法和儿化音方式,形象生动、富有童趣地描写了防病的口罩和治病的针头在共同战“疫”中的密切配合和明显功效,一句“防病治病得红旗儿”,表达了孩子们对口罩针头一样的干部群众和医护人员的热情讴歌,激励着“口罩、针头”们继续努力,齐心打赢疫情防控攻坚战。

抗“疫”童谣是时政童谣中的一个主题。在进行其他主题时政童谣创作时,也应在遵循童谣创作基本规律和要求的基础上,笔随时代风云,因时因事而变,不断提高作品质量。只有如此,才能真正发挥时政童谣在服务社会、推动发展中的重要作用。

行走在笔端的欧洲风云
——品读邢秀玲散文集《西方名人逸事》

李学勤

安静的午夜，我独坐斗室，心无旁骛地品读邢秀玲新出版的散文集《西方名人逸事》。这是一部气象宏大，具有文学和历史双重价值的著作。

一

音乐是欧洲文明发展史中的辉煌篇章，站在欧洲音乐殿堂顶端的大师们如同一颗颗璀璨的明珠，闪耀着夺目的光芒。为此，该书足足安排了十篇文章来讲述欧洲音乐和音乐家的故事，这些色彩缤纷的故事，体现出邢秀玲对音乐的深刻理解。从音乐天才莫扎特到乐坛巨擘贝多芬，从小提琴大师帕格尼尼到作曲大家柴可夫斯基，邢秀玲用文字再次摊开他们令人唏嘘的身世，让人更深刻地理解《安魂曲》《命运交响曲》《天鹅湖》等滋养人类心灵的名曲。其精准的笔触、充沛的激情，让那些动人的旋律恍如在耳畔回响。

写作是一种责任，更是一种精神追求。这种责任和追求体现在邢秀玲锲而不舍的坚持和探究之中。以邢秀玲对世界名曲《卡门》的认知为例，在《比才和〈卡门〉》一文中，她写到，她曾于1978年秋被邀请参加一个大型联欢会，不善跳舞的她，竟然熟练地跳起了快四步。经请教，她才知道这支节奏感极强的乐曲是歌剧《卡门》中的曲子。几十年过去了，作家循着当年的感知和对乐曲的朦胧印象，搜集了许多有关《卡门》的资料，用自己的理解诠释了乔治·比才艰辛的一生。

二

世间最复杂的是人性，最难表现的也是人性。作家在写人性的善良和生活的温情的同时，也写人性的丑陋和生活中的罪恶，写文明与野蛮的对抗，写命运与理想的对抗。在一个个历史故事中，即便是世界瞩目的艺术大师和伟人，作者也首先将其放在“人”的概念下去考量。

比如对于巴尔扎克的不择手段，作家是这样描述的：金钱是铸就巴尔扎克的一只魔手；为了还债，他不停地编造庸俗无聊的小说卖给书商，而那些不起眼的文字垃圾，却铺平了文学大师的坦途。

作家写路易十六夫妇的软弱，写他们走向刑场的坚强和高贵，也写人们对王后玛丽·安托瓦内特的怜悯：她只有38岁，头发已经灰白，昔日的美艳和风采荡然无存，但她与生俱来的高贵气质和人格魅力仍使周围的人折服。监狱长的妻子每天为她准备精美可口的饭菜，女房官为她整理房间，荷枪实弹的卫兵每天为王后送来鲜花……

在写帕格尼尼蔑视小提琴演奏的传统技法时，作家的表述尤为精彩：帕格尼尼发明了左手轻触琴弦，弹出哨笛声音的二重奏效果，在一次演奏中，还故意弄断了三根琴弦，展示出无人可比的演奏技法。接着作家又交代帕格尼尼性格的阴暗面：在一场成功演出之后，帕格尼尼并不在乎鲜花和掌声，他在乎的是又筹到了一笔可观的赌资。

三

讲大师，从照片说起；讲历史，从建筑和教堂说起。邢秀玲用她的生花妙笔，清楚地勾勒出欧洲艺术和历史的血脉关系。

尊重客观是一个作家的道德底线，不装饰、不溢美、不过度拔高，也不一味贬低，以诚实的态度还原历史，写出人物真实的样子，在《西方名人逸事》一书里，作者杜绝完满的、光滑的、没有弱点的假大空似的人物标本，这是作家最本质的写作理念，也是该书价值之所在。

比如，作家在众多的拿破仑油画中，挑出三幅代表拿破仑命运转折点的画面，通过解读具有代表意义的三幅画，诠释了拿破仑光荣而屈辱的一生。

作家从罗马城徽写到罗马人的狼性；从岩壁上刻着的石狮写到在法国大革命中牺牲的瑞士籍士兵的忠诚；从庞贝古城的火山灰写到英雄舰长普林尼…… 众多的人物在作者的笔下栩栩如生。对于肖邦、巴尔扎克、亚历山大的形象，作家用“手指”“睡袍”“头盔”三个不同的词，区分出音乐家、文坛巨星和一代君王的特质。手指，是钢琴家的本钱；睡袍，是文人落拓不羁的写照；头盔，则是战神的象征。其恰如其分的描述，既和实际雕像的形态相吻合，又增添了语言的感染力。

作家对于肖邦的描写是：相貌像他的音乐一样精巧优雅，一头浅栗色的长发，浅棕色的眼睛充满智慧，那双钢琴家独有的手，修长，纤细而富有弹性……

对于巴尔扎克的描述是：他昂着头，披着那件写作时常穿的睡袍，似乎在遥望天边的朝霞，又似乎在藐视人欲横流的世界……

对于亚历山大的描述是：头戴头盔，战袍紧裹着他的双肩，眼睛流露出柔情，鼻子挺直，五官无可挑剔……

四

跟随着旅行的步履，作者在西方文明的不同地理空间驻足观察，披沙拣金，她不但看到了地中海的圆月、北欧的森林雪山和西欧的山川平野，也看到了近代欧洲的变化。作者对眼之所观、心之所察进行了个性化讲述。从《不朽的旋律》、《远去的巨人》、《王者的背影》到《曼妙的旅程》，都可以品味到此书明确而严格的写作主旨。在笔海书山的各式热闹之中，我被此书隐于喧嚣的朴素之美深深打动。

作家忠实于旅行的“眼见”，印度洋落日下吉卜赛人的生活场景被作家如实记录：简易木屋凌乱地散布在海滩之上，男人们懒洋洋地晒着太阳，女人们袒胸露背，三五成群地坐在一起，肆无忌惮地对着旅客狂笑，一位几乎浑身赤裸的老人抱着一个小孩，毫无愧色地向每一个过路者伸出乞讨的手……

在叙写二战中得以幸存的科隆大教堂的历史时，作家穿插了个人对科隆大教堂的文学感观：当阳光透过这些彩窗射入，斑斓的色彩营造出神奇的光芒……在那些飞腾的线条的引领下，我们不由自主地向上仰望，空间随着想象在无限延伸，精神骤然间得到升华……

五

邢秀玲出生于青海高原，一生与笔墨结缘。改革开放后，作家迈开脚步，漂洋过海，先后访问了很多个国家和世界文化重镇，先后出版了《情系高原》、《眼中的星空》、《紫调欧罗巴》、《西部神韵》和《西方名人逸事》，这些著作是作家写给生命和心灵的华丽篇章。

邢秀玲有着西北作家忠实于内心的朴素风格，胸襟开阔，勤勉自律，永远保持着对写作的新鲜感。她的作品行笔舒缓、从容、质朴、细腻，富有女性作家的语言魅力。

文学是平易的，可亲的。一个故事、一段记忆、一种场景，乃至一幅画、一支歌，都可以在作家的笔尖下弥漫出浓郁的温情和人间烟火。邢秀玲作品的字里行间，不仅充盈着她艰辛的劳作，更表现了她对人生价值的追求和坚守。

感谢邢秀玲在文学道路上以不凡的心胸和气度、坚毅的意志为我们做出的示范。正如邢秀玲自己所言，诗和远方永远有着不可抗拒的诱惑。我热切希望她在百花竞放的散文园地，面向生活，面向经典，获得更大的丰收！

以细腻之笔，写生活之美
——评散文集《琴·境》

秦俭
（西南师范大学出版社）

快速发展的现代社会，给人带来许多无形的压力。一方面，忙碌的生活与工作，往往让我们心浮气躁，而忽略了对那些蕴含于生活细节中的美好；另一方面，我们又向往着远离了我们的大自然，希望能够寻一处世外桃源，来安放我们疲惫的心灵和城市乡愁。然而，像梭罗那样在远离城市的地方（瓦尔登湖畔）独处，或是如陶渊明那般归隐田园，对于绝大多数人来说，都只能是一种难以实现的梦想与向往。

其实，在中国文人精神中，有为保持情操的“隐”，也有勇敢面对红尘俗世与人生磨难的旷达超逸。以一种淡泊的态度处世，持一颗细腻敏锐的心灵体察平凡生活的点滴，用一双诗意的眼睛捕捉世界的颜色，于是，同样的世界，便会增添许多的精彩，同样的山水草木，便会有别样的动人之处，同样的自然，就会处处闪现哲理的辉光。即使在坎坷的人生旅途中，也能够拥有“对一张琴，一壶酒，一溪云”（苏轼《行香子》）的从容自适。如此，自然便从未远离我们的生活。

散文集《琴·境》所辑，皆是该书作者李成琳对平常生活的观察与体悟而记下的文字。记琴、记人、记事、记日常生活、记旅行，友情、亲情、生活的涓滴，汇集成文字的河流，折射出一个美好的世界。

作者受宋代大词人苏东坡的影响颇深。散文集中，除了作者为追寻东坡足迹而专门赴海南儋州，细访苏轼在儋州的历史遗迹而作的《一溪云外琴何在》，在其他诸篇中，或有对东坡“幽怀忽破散，咏啸来天风”豪情的喜爱，或数次表达对“几时归去，作个闲人。对一张琴、一壶酒、一溪云”的称许，其字里行间，不时流露出如东坡般的旷达心境。然而，在作者对于自然、对于生活的体悟中，我们显然还能看到更多文化的浸润。

古琴韵致高远、清雅古朴，陶冶人心，升华精神，故而一直深得中国古代文人的器重与钟爱，被视为“君子之器”。在作者笔下，阳春白雪的雅洁，却并非高不可攀。《琴·境》中十六篇关于“琴”的文章，不仅有出尘的风骨，更多人间的血肉。

《琴境》从“醒琴”开始。当作者打量沉睡千年的唐宋古琴时，琴上历史的印痕，让她深深感受到古代的人文精神内蕴；作者对这些古琴的唤醒，也指意着古代士人精神在作者心中的回响。“醒琴”，是对琴的唤醒，又何尝不是琴对人心的唤醒。

琴有了生命，就有了人世间的悲欢。

浙派古琴大师徐元白，尽管沦落到以为人修琴为生，生活常常难以为继的艰难困境里，在给友人的信中，仍不忘落下淡宁的“琴安”二字，无论境况如何，琴安则心安。重庆琴家杨清如，在清苦孤寂的生活与双眼肿瘤病痛的折磨中，始终保持着一份坚忍淡定，在瘦弱的外表下，心地的素朴出尘，正如她演奏的《渔樵问答》一般美好。琴涵养了人的品格，于是，从他们的指尖流泻出来的《渔樵》《流水》《猗兰》……才能如此清澈干净。

古琴所传达的美好精神世界总是能感染人心，荡涤人心。所以，荷兰外交官高罗佩说自己“癖嗜音乐，雅好古琴”；所以，在抗战的炮火中，一批文人因琴而结社；所以，在当下的生活中，总有人在抚琴听曲中让心灵回归纯净。在琴声中，人世的喜与悲，皆归于宁静；在琴声中，人间烟火可赏，出尘之愿可偿。

读过许多古琴陶冶的人生故事，习练过流传千载的琴曲，领略过其中的文化精神，再回到现实的生活，作者对岁月静好的体会，自然更加细微，对人生的参悟，也更加透彻。“有书读，有茶喝，有琴弹，在淡淡的花香里安宁而圆满。即便什么也不做，只是坐在这里发呆，也是好的。”有对人生苦难的认识，方能有对当下生活这样的体悟与满足。

阅读对作者思想的滋养与人生的熏染，在行文中处处可见。苏轼、木心、泰戈尔、马尔克斯……古往今来、古今中外，作者广泛的涉猎，自自然然地融入文字。所以，作者才能将一朵花、一页书、一盏茶等最寻常的事物，将一次郊游、一次聚会、一段旅途等日常生活状态，绘织成生活之美境，带读者感受到生活中那些不起眼的小事中蕴藏的美好，深思人生的哲理。

《琴·境》更多的篇幅，是四组“境”中作者关于生活的随笔，有些甚至是作者以微信的形式记下的随感。女儿从远方送给母亲的一束花、午间父母为女儿做的一顿饭、笔会时逢着的一轮明月、一坡艰险的山行，或者是旅途中看到的一副耐人寻味的对联、一轮季节更替的花开花落……随手拈来，不虚饰，不受制于形式，随心而发，无论篇幅长短、境界大小，皆因有生命的灵性流转其中而真切、动人。

作者在第四届中国西部散文论坛上的发言中曾说：一篇散文所呈现的视野、心态和对事物的看法，不仅仅源自作者的经历，更源自其内在的精神空间的拓展和升华；它能从平凡的世界发现美，从平凡的生活中发现诗意，让生活呈现出一种审美的追索和诗意的力量。“从平凡的世界发现美，从平凡的生活发现诗意”，正是《琴·境》的突出特征，也是散文的价值之所在。

中国古代文人讲究以古琴修身养性，以琴映心。作者深谙此理，所以其自序中以“琴为心音，境随心转”为篇名。又以四组“琴”文、四组“境”文交替排列来架构文集，将看似没有联系的有关“琴”的散文和有关生活之“境”的散文互为映照，从而从形式上构成琴与心的相互参照，而达成了与内容的一致。

《琴·境》所写的主题是平凡的，所体现的思想情感也没有很深刻的内容，花花草草、亲情友情、喝茶弹琴、旅行雅集，都是小情小境之事。但是，文章境界格局虽有大小，却不可以大小分优劣。正如王国维在《人间词话》中所说：“‘细雨鱼儿出，微风燕子斜’，何遽不若‘落日照大旗，马鸣风萧萧’？‘宝帘闲挂小银钩’何遽不若‘雾失楼台，月迷津渡’也？”

李成琳是冰心散文奖获得者，《琴·境》如其《时光滴落》等其他散文集一样，具有女作家特有的细腻笔触与情感，给人以精致而优美的感受。

或许，对于大多数人来说，并不能够像李成琳那样有条件习古琴，但我们同样可以让“境随心转”，那就是用满怀真诚的善意，打量这个世界的美好。如果你记得在一花一叶中，去发现生命的微笑，那么，即使身处钢筋水泥的都市，你心灵已经找到了可以归依的田园。也可以说，发现并感受生活中的美，也是人生的一场修行，而这场修行带给我们的，是对生命的欣喜和对生活之美的真切感受。而你的心，就是那张优雅的琴，那支写出生活之美的细腻之笔。

蒋宜茂古体诗选

江城送友

郭外青山朔风紧，笛鸣航启催出征。
斜阳颔首呼黎明，江汉战疫播善声。

庚子春博鳌观日出

天高浪阔云霞涌，蜃楼缥缈一片红。
祥光万丈破雾霭，海天一色奔苍穹。

庚子桃花

窗外桃花独自开，蜂蝶恋旧翩飞来。
林间曲径漫绿苔，静待花痴舒襟怀。

咏绿叶

探春护花成芳菲，春风习习绿叶肥。
炎炎盛夏仍葱茏，萧萧深秋不肯回。

踏春即感

芳菲未尽四月天，沟壑涌翠呈清明。
午时暖阳晒人醉，不负春光不负心。

游黎香湖

山环水绕黎香湖，碧波涌翠入画图。
静观浮云过头顶，读山吟水心不孤。

夕渡

幽幽山峦隐碧湖，扁舟一叶待人撸。
斜阳无意返故里，踟蹰埠头心如初。

客居山村有记

一

秋风暖阳沐山乡，梯田层叠翻稻浪。
灰瓦白墙映绿树，炊烟散去满院香。

二

院坝晾谷入仓忙，老幼婆娑披星光。
月下夫妻话收成，远方儿女来心房。

三

秋雨淅沥湿竹窗，山风一袭拂面凉。
忽闻邻家牧笛声，凝望峻岭思故乡。

沙湖即景

贺兰逶迤入云霞，夕阳深情染黄沙。
碧湖微澜泛轻舟，芦苇婀娜戏鱼虾。

至巫溪过城口夜宿有记

秋雨绵绵湿心物，碧溪潺潺步幽谷。
九曲驱车跨时空，十里隧洞过坦途。
苍翠掩映乐农家，竹门轻扣作夜屋。
崇山揽月醉游人，清风含情唤虚无。

三峡库区蓄水期即景

青山逶迤抛雾纱，长江浩荡奔三峡。

深谷平湖映船影，神女玉立笑云霞。
红叶漫坡涌秋风，游人络绎栖农家。
沿岸城乡展新姿，库区诗韵传天涯。

夜过南川新城掠影

金山凤水情意绵，荒坡筑城街巷深。
老友新朋话嬗变，满目斑斓催前程。

锦城湖生态公园掠影

锦城闹市隐翠湖，草木丰茂鸟不孤。
碧水如镜照楼宇，老幼笑语伴风拂。

金佛山速写

一

奇峰似佛泛金辉，薄雾妩媚追蓝天。
古树森森托骄阳，小溪潺潺润丛林。

二

方竹杜鹃漫山野，生态石林笃爱深。
鸟啾蝉鸣咏清风，游人流连寄豪情。

古佛洞

金佛山藏古佛洞，置身险峰悬半空。
穿云拨雾洞天开，满目奇观涌胸中。

问花

他年花开满树红，今日一朵笑春风。
若无新绿相映衬，花落愁煞主人翁。

秋日山城滨江掠影

漫步滨江觅清秋，满江碧水奔东流。
两岸青山连天际，白云随风乐悠悠。

中秋住山隐民宿记

青山自悠远，松竹映浮云。
古树掩院落，鸟鸣掀窗帘。
楼台听风吟，皓月入宿眠。
心静生禅琴，夜深闻乡音。

雷阵雨

响雷滚滚过窗前，疾风伴雨云雾间。
如豆雨滴敲大地，氤氲万物洗一遍。

夏日午时村趣

骄阳任性吐热浪，垂柳池畔思春朝。
三五童子戏浅水，阿婆唤孙荡莲摇。

相聚南天湖

风爽云淡南天湖，亲朋挚友相聚殊。
湖光山色映笑语，密林探幽多歧途。
把酒临风话桑梓，仰首读月观心舒。
时短情长程路远，高山碧水心不孤。

南天门即景

群岭拥翠天堂谷，南天洞开梦月湖。
玉皇山顶鼓声远，云霄峰上觅归途。

胡杨林

大漠缀胡杨，深秋披金黄。
风沙荡足下，经年铸沧桑。
朔雪润诗句，鸟鸣吟华章。
游人尽徜徉，层林醉夕阳。

地址：重庆市渝中区枇杷山正街93号

邮编：400013

编辑部电话：(023)63880156　63880157

电子邮箱：cqwhysyj@126.com

微信公众号：cqwhysyjy

网站：www.cqwhysyj.cn

重庆文化艺术研究QQ群号：294222082